Gregor Spohr

Romantisches Ruhrgebiet

Burgen · Schlösser · Herrenhäuser

Corneel Voigt · Fotos

Wolfgang Schulze / Simone Kaczerowski · Texte

POMP

CIP-Kurztitelaufnahme der Deutschen Bibliothek
Romantisches Ruhrgebiet
Burgen, Schlösser, Herrenhäuser
Gregor Spohr (Hrsg.)
Text: Wolfgang Schulze, Simone Kaczerowski
Fotos: Corneel Voigt
- 2. Auflage - Bottrop: Pomp, 1996
ISBN: 3-89355-110-7
NE: Spohr, Gregor

Herausgeber:
Gregor Spohr

Fotos:
Corneel Voigt
Studio Corneel Voigt DGPh
Elisabethstr. 31–37, 45139 Essen, Tel.: 02 01/21 65 00

Fototechnische Hinweise:
Filmmaterial Agfa Agfachrome RS 100 - Plus - 120
Kodak Panther 100 X-120
Luftbildkameras von Hasselblad und Linhof
Objektive von Carl Zeiss
Flughöhe 1000 - 6000 ft.
40 Flüge speziell für dieses Buch
Dank an die Piloten
Peter Ellwanger, Gerhard Lorbeer und Hans-Gerhard Kraus

Weitere Fotos:
Wolfgang Quickels (Herten)
Stefan Frankewitz (Kamp)
© Regionalkarte Ruhrgebiet 1994 mit Genehmigung
des Kommunalverbandes Ruhrgebiet

Gestaltung:
Gregor Spohr

Texte:
Dr. Wolfgang Schulze,
Simone Kaczerowski und Gregor Spohr

Schriften:
Garamond mager, medium und kursiv

Drucktechnische Hinweise:
Papier 170 g/m^2 Printachromo matt, Classen-Papier KG
Essen - Stuttgart - Hamburg
Druckfarben Hostmann-Steinberg, Celle
Gedruckt im 80er Raster auf Heidelberg-Speedmaster CD

Lithografie:
Repro Wuchert Computer Publishing GmbH, Bochum

Herstellung:
Druckerei und Verlag Peter Pomp GmbH, Bottrop

Buchbinderei:
Hunke & Schröder, Iserlohn

1. Auflage April 1995, 2. aktualisierte Auflage März 1996

Verlag Peter Pomp, Bottrop · Essen

ISBN 3-89355-110-7

Vorsatz vorne: Burgruine Blankenstein, Hattingen
Vorsatz hinten: Schloß Hugenpoet, Essen

Haus Reck, Hamm

Inhalt

Inhalt

Schloß Bloemersheim, Neukirchen-Vluyn

Schloßstraße 19, mein Geburtshaus. Hinter der Dachlandschaft des kleinen Fachwerkdorfes sah ich durch das Fenster meines Zimmers Schloß Westerholt. Der mächtige Bau, heute ein fein herausgeputztes Golfhotel, war ungepflegt und stand leer, seine Nebengebäude wurden für die Forst- und Landwirtschaft genutzt. Der See am Rande des Schloßhofes, Taubenteich genannt, war Heimat von Enten und Schwänen, im Winter Treffpunkt der Eisprinzessinnen und Hockeyspieler. Schloß und Garten waren tabu. Nur zu Fronleichnam öffneten sich die Tore weit. Vor den hohen Fenstertüren des Schlosses war der erste von vier Prozessions-Altären aufgebaut. Wir Meßdiener knieten auf den breiten Stufen der Schloßtreppe und schickten lustvoll Weihrauch in Wolken gen Himmel.

Kaum vier Kilometer entfernt genossen zur selben Zeit die Hertener Katholiken den Prozessions-Gang durch das „letzte Paradies". So umschrieb Helmut Handrick in seinem Buch den Park von Schloß Herten. Der wunderschöne Landschaftsgarten und das prachtvolle Wasserschloß zählen heute zu den vielbesuchten Anziehungspunkten im Ruhrgebiet.

Damals, in den sechziger Jahren, waren die Zäune noch hoch, die Tore mit Ketten und Schlössern gesichert. Es gehörte zu den großen Mutproben für uns Kinder, dieses verwilderte Paradies zu durchstreifen. Wie oft hatten wir jene gruseligen Geschichten gehört von dem wütenden Förster des Grafen und von den schmerzenden Schrotkugeln in den Hinterteilen jener Bedauernswerten, die bei der Vertreibung aus dem Paradies nicht rechtzeitig den Zaun überwunden hatten. Aber was sind schon drohende Schrotkugeln gegen einen Ausflug in den Zauberwald, gegen einen Blick auf die Giebel und Türme eines Schlosses, das von Dornröschen träumen läßt. Dornröschens Turmzimmer mit Blick auf Zeche Ewald und Kraftwerk Scholven? Schlösser erwartet man eher am Rhein und im Münsterland. Man kennt sie von Postkarten, Hochglanz-Kalendern, Kegeltouren. Ruhrgebiet – da denkt der Fremde an Kohle und Hochöfen, nicht an Schlösser und Prinzessinnen.

Aber die Prinzen kämen hier im Revier zwischen Ruhr und Lippe, zwischen Unna und Kamp-Lintfort ganz schön auf Trab. Lange bevor die Zechenbarone das schwarze Gold entdeckten, hatten Ritter und Edelleute hier trutzige Burgen, elegante Schlösser und prächtige Herrenhäuser errichtet.

Einige zeugen nur noch als romantische Ruinen von ihrer großen Zeit, andere sind voller Leben, sorgsam restauriert, eingebettet in herrliche Parkanlagen. Sie beherbergen Internate und Seniorenheime, Museen und Hotels, Wohnungen und Werkstätten.

Die Menschen im Ruhrgebiet mögen ihre Schlösser, genießen die Spaziergänge durch barocke Gärten, die Sommerabende auf den Terrassen, die Konzerte in den Sälen, die Ausstellungen. Ein Teil steht Gästen offen, andere sind – oft seit Generationen – in Familienbesitz und nicht zu besichtigen. Auch neugierige Prinzen sollten das akzeptieren.

Über 100 Burgen, Schlösser und Herrenhäuser des Ruhrgebietes stellt dieses Buch vor. Eine erstaunliche Zahl. Dornröschen hätte sich hier im Revier wohlgefühlt. Manchmal, wenn die Abendsonne das Rot der Ziegelsteine von Schloß Herten noch wärmer strahlen läßt und sich die Feen im aufsteigenden Dunst auf den Wiesen zum Tanz einfinden, scheint die Märchenprinzessin oben im Turm am Fenster zu stehen.

Gregor Spohr

Bis ins Jahr 940 zurück reicht die Geschichte des ehemaligen märkischen Rittersitzes Haus Laer, der als solcher allerdings erst 1243 erste urkundliche Erwähnung gefunden hat. Noch heute ruht ein Teil der früher befestigten Anlage auf den massiven Eichenpfählen der ursprünglichen Gründung. 1480 erwarb die Familie von der Leithen das Rittergut, das immer noch im Besitz ihrer Nachkommen ist. Neben dem kleinen Burghaus aus dem Mittelalter ist auch die Hauptburg aus derselben Zeit fast in ihrer ursprünglichen Gestalt erhalten geblieben; auf dem mächtigen Keller- und Erdgeschoß steht ein Fachwerkgeschoß unter einem Satteldach. Im angrenzenden Park befindet sich ein bemerkenswerter historischer Friedhof mit Grabplatten aus der Mitte des 17. Jahrhunderts. Haus Laer wird heute zu privaten Wohnzwecken genutzt. Es beherbergt daneben ein kleines Kulturzentrum, so daß von Zeit zu Zeit in den historischen Räumlichkeiten öffentliche Veranstaltungen stattfinden können. Von besonderer Bedeutung ist auch das „Ruhrgebietsarchiv" von Haus Laer, in dem Urkunden und Bücher zur Geschichte des Ruhrgebietes vom Mittelalter bis zur Gegenwart in großer Zahl vorhanden sind.

Im malerischen Schloßpark steht die Ruine von Haus Weitmar, ursprünglich eine Wasseranlage des 13. Jahrhunderts, die zum riesigen Grundbesitz der Abtei Werden gehörte. Gegen Ende des 16. Jahrhunderts wurde das Anwesen im Renaissancestil erweitert und umgebaut. Es entstand damals ein massiver, zweigeschossiger Bau über einem Keller. Während eines Fliegerangriffs 1943 wurde Haus Weitmar fast völlig zerstört. Die Ruinen von Haupthaus und Vorburg sind heute gut konserviert, ebenso wie die Ruine der aus dem 14. Jahrhundert stammenden Sylvesterkapelle mit dem romanischen Westturm, die im Schloßpark zu finden ist. Seit 1780 ist Haus Weitmar im Besitz der Familie von Berswordt-Wallrabe, die auch die nahegelegene, überregional bekannte „Galerie m“ betreibt.

Bögge war ursprünglich ein wichtiger Hof des Klosters Werden, auf dem unter anderem Abgaben aus der Umgebung, die der Abtei zustanden, gesammelt wurden. Aber bereits im 13. Jahrhundert nannte sich ein Adelsgeschlecht, das bis in das 16. Jahrhundert dort nachzuweisen ist, nach dem Hof. Weitere Adelsfamilien, die dem Anwesen Glanz verliehen, waren die von Dombroik, von Bodelschwingh und von Quadt und Huchtenbroek. Sehenswert ist von der älteren Anlage ein Torbau des 17. Jahrhunderts, der durch Hausteinbossen sein charakteristisches Aussehen erhält. Das heutige Herrenhaus ist ein Neubau aus dem Jahre 1872 und spiegelt mit seinen neugotischen Elementen den Geschmack der Gründerzeit wider. Nachdem der letzte Bewohner 1994 verstarb, soll das Haus nun renoviert werden.

Zum alten märkischen Amt Hamm gehörte auch der Rittersitz Haus Brüggen, nach dem sich die Besitzer nannten, die dort bis um 1400 wohnten. Andere adelige Bewohner des Hauses waren die von Galen im 15. Jahrhundert und die von Thulen und von Kettler im 16. und 17. Jahrhundert. Seit dem frühen 19. Jahrhundert gehörte das Anwesen Bürgerlichen. Das mittelalterliche Haus wurde 1582 durch einen Neubau ersetzt, wovon nur noch eine Inschrifttafel Zeugnis ablegt. Das heutige Haus Brüggen stammt erst aus den Jahren 1718 und 1719 und wurde 1843 restauriert. Auf dem Vorburggelände beeindrucken die Fachwerkscheunen. Es wird privat als landwirtschaftlicher Betrieb genutzt.

In den Jahren nach 1766 baute der berühmte westfälische Architekt Johann Conrad Schlaun (1695–1773) das barocke Wasserschloß Beck als Herrensitz für Friedrich Florenz Rhaban von der Wenge. Es entstand ein zweigeschossiges Bauwerk nach dem Vorbild der französischen „maison de plaisance". In der Mitte des Schlosses befinden sich ein rundes Vestibül und ein Salon, die dreieckig, einmal zur Hof- und einmal zur Gartenseite hin, aus der Front hervorgehoben sind. Eine doppelläufige Freitreppe führt zum Eingang des Haupthauses. Herrenhaus, Wirtschaftsgebäude und Park sind von Wassergräben und Teichen umgeben. Das Anwesen hat eine wechselvolle Geschichte hinter sich. Gegen Ende des 18. Jahrhunderts diente es als Schnapsfabrik. Seit 1850 im Besitz der Familie Metternich wurde es 1958 an die Hibernia-Bergbaugesellschaft verkauft, deren Interesse sich allerdings vornehmlich auf den Grund und Boden richtete. Das Schloß selbst sollte verschenkt werden. Aber niemand, nicht einmal die Stadt Bottrop, wollte die Verantwortung und die Kosten für die alte Bausubstanz übernehmen. So verfiel Schloß Beck im Laufe der Zeit immer mehr, bis es schließlich im Jahre 1966 der Privatmann Karl Kuchenbäcker kaufte und umfangreiche Restaurierungsarbeiten in Angriff nahm. Zunächst wurde der ehemalige Pferdestall zu einem Restaurant und einer Tanzbar, dann der Schloßpark in einen Freizeit- und Vergnügungspark umgewandelt. Aus den Einnahmen wird Schloß Beck nach und nach sorgfältig weiterrestauriert; so ist beispielsweise der Hubertus-Altar der Hauskapelle in seiner ganzen barocken Farbpracht wiederhergestellt worden.

Bereits für das Jahr 890 bezeugen die Urkunden Haus Brabeck als eine Wasserburg, die ursprünglich auf zwei Inseln angelegt war. Sie gehörte spätestens zu Beginn des 13. Jahrhunderts zum reichen Grundbesitz der Abtei Werden. Der älteste heute noch vorhandene Teil der Anlage ist ein Wohnturm aus der Zeit um 1600 mit in Teilen noch gotischer Bausubstanz. Die dem Hauptgebäude gegenüberliegende Scheune trägt die Jahreszahl 1617, weist allerdings auch gotische Elemente auf, die von einem Vorgängerbau stammen dürften. Zahlreiche interessante historische Details sind noch vorhanden, so zum Beispiel eine Wappentafel, ein Relief über dem Barockportal, eine geschnitzte Holztür, ein Dachreiter mit einer Uhrglocke von 1655 oder die Kamine im Inneren mit barocken Stilelementen. Haus Brabeck wird heute privat und landwirtschaftlich genutzt.

Schloß Bladenhorst trägt den Namen eines Rittergeschlechts, von dem es aus dem Jahre 1266 erstmals Kunde gibt. Die heutige Anlage, die zu wesentlichen Teilen im 16. und 17. Jahrhundert entstand, ist wegen ihrer Vielfalt an Einzelformen eine der interessantesten der Spätrenaissance in Westfalen. Ursprünglich handelte es sich um ein von einer Gräfte umgebenes, vierflügeliges, geschlossenes Anwesen. Leider wurde im 19. Jahrhundert der Nordostflügel abgebrochen, so daß sich Schloß Bladenhorst heute als dreiflügelige, offene Anlage mit nur noch drei Türmen präsentiert. Zu jener Zeit entstanden auch der Anbau am Westflügel und der Treppenturm in der Südecke des Hofes. Einmalig in der westfälischen Baukunst ist das berühmte Torhaus, der älteste Bauteil der Anlage: ein Backsteinbau, der an der zum Hof gewandten Fassade einen fünfstufigen Treppengiebel mit Halbrundaufsätzen hat. Die sorgfältig gearbeiteten, aus grünlich glasierten Kacheln gestalteten Schmuckfriese zeigen noch gotische Vierpaßformen. Einer der ursprünglichen Wehrtürme von Schloß Bladenhorst wurde im 19. Jahrhundert im romantisierenden Stil zum Gartenpavillon umgebaut. Bis 1926 von adeligen Familien bewohnt, wurde die Anlage in jenem Jahr an eine Bergwerksgesellschaft verkauft, die das Gelände zu landwirtschaftlichen Zwecken verpachtete und die Baulichkeiten zu Mietwohnungen umgestaltete. Eine gründliche Restaurierung von Schloß Bladenhorst ist für die Zukunft geplant.

Von Haus Goldschmieding steht zu lesen: „...in seinem Äußeren und Inneren bis zur Unkenntlichkeit umgebaut und verunstaltet worden. Kostbar ist uns das Haus nur als Gefäß für den künstlerisch wertvollen Steinkamin." In der Tat: der prächtige Renaissance-Kamin im Inneren gehört zu den großen Kunstschätzen der Region. Er wurde im Jahre 1597 von dem niederrheinischen Bildhauer Vernukken erbaut und zeigt in seinem Fries zahlreiche kunstvolle Reliefarbeiten mit zum Teil mythologischen Themen. Im übrigen ist von der ehemaligen Wasseranlage, deren Ursprünge in das 13. Jahrhundert zurückreichen, nur noch die Hälfte des Herrenhauses erhalten, das 1583 bis 1597 erbaut wurde und dessen Gräften schon lange zugeschüttet sind. Einst gehörte Haus Goldschmieding zu den großen Bauwerken der Lippe-Renaissance. Fast nichts davon ist erhalten. Auch der Stumpf eines Wehrturms, der vermutlich älter als das Herrenhaus ist, zeigt kaum noch sein ursprüngliches Aussehen. Heute beherbergt Haus Goldschmieding ein Schloßhotel, das zur Zeit erweitert wird. Die Arbeiten sollen im Sommer 1995 abgeschlossen sein. Zum Hotel gehört übrigens eines der Restaurants im Ruhrgebiet, das sich mit einem Michelin-Stern schmücken darf.

Obwohl man es dem heutigen Haus nicht ansieht, gehen seine Anfänge bis in das 14. Jahrhundert zurück. Erbaut wurde es bereits vor 1384 von Heidenreich von Oer. Anfang des 15. Jahrhunderts stürmte Dietrich von Moers (1414–1463) die Burg und vertrieb die von Oer, mußte die Anlage jedoch wenig später wieder herausgeben, da der Erzbischof von Köln sie an den ehemals Gelderner Drost Johann von Gemen verpfändete. Durch die Heirat der Erbtochter Cordula ging sie 1502 an den Grafen Johann von Holstein-Schaumburg. Die Gräber von Graf Johann und Gräfin Cordula sind heute noch in der Schloßkapelle erhalten. Während des 30jährigen Krieges wurde die Burg von französischen Soldaten unter Marschall Turenne niedergebrannt und nie wieder ganz aufgebaut. Lediglich auf der Vorburg errichtete man ein neues Schloß mit zwei Rundtürmen. 1803 wurden die Herzöge von Aremberg Besitzer. Sie ließen 1830 den Südflügel abbrechen und machten den Ostflügel zum Amtshaus. Seit 1965 ist dieser noch erhaltene Teil der Horneburg im Besitz des Diözesan Caritas Verbandes Münster, der darin ein Förderschulinternat betreibt.

Von dem eigentlichen festen Haus Vogelsang ist heute nichts mehr erhalten. Es stand auf der jetzt mit Bäumen bewachsenen Insel. Zu der mittelalterlichen Anlage gehörten auch der Wall und der äußere Graben, die die Burg zusätzlich schützten. Jetzt ist nur noch ein langgestreckter, zweigeschossiger Wohntrakt aus dem 18. Jahrhundert vorhanden. Der Turm mit barockem Dachaufbau stammt ebenfalls aus dieser Zeit und verleiht dem Haus einen herrschaftlichen Akzent. Im Laufe der Jahrhunderte werden als Besitzer die Familien Doebbe und von Brabeck genannt, denen 1850 die von Twickel folgten. Sie verkauften Haus Vogelsang 1989 an die Ruhrkohle AG Essen, die in dem land- und forstwirtschaftlichen Betrieb sowie in einer Gärtnerei rund 60 Mitarbeiter beschäftigt und zwei Wohnungen vermietet. Geschäftsführer Ewald Steinmann hat zu „seinem" Haus Vogelsang eine ganz besondere Beziehung: Von 1900 bis 1912 war einer seiner Vorfahren Pächter des Hauses. Erfahren hat er davon nur durch Zufall – als er an einem verregneten Sonntag aus Langeweile im Familienstammbuch blätterte.

Ein wenig schauerlich ist sie schon, die Geschichte der Burg Dinslaken. Im 12. Jahrhundert als Castell erstmals erwähnt, wurde sie Anfang des 15. Jahrhunderts zur Burg ausgebaut und diente mit ihrem 40 Meter hohen Hauptturm, dessen Mauern 18 Fuß dick gewesen sein sollen, als Gefängnis für „Hexen" und als Witwensitz des gräflich klevischen Hauses. Der Turm, der 1627 noch den Holländern standhalten konnte, als sie den Rest der Burg in Schutt und Asche legten, fiel 1770 der Natur zum Opfer: Ein Blitzschlag zerstörte ihn so, daß er 50 Jahre später ganz abgebrochen wurde. Das Hexengefängnis wurde im 19. Jahrhundert zur Schnapsbrennerei, aufgebaut von der Familie de Fries, die die Burg 1853 erwarb. Im Jahr 1900 ging sie an die Stadt Dinslaken. Doch bevor das geplante Kreishaus entstehen konnte, vernichtete zum zweiten Mal ein Feuer die Anlage. 1934 dann entstand zum Stolz der Stadt das Burgtheater mit großer Freilichtbühne – eine Verbindung aus mittelalterlicher Burgkulisse und antikem Amphitheater. Und auf der Grabenböschung, auf der der Legende nach lange Zeit nur ein einsames Schaf gegrast hatte, finden nun 2000 Zuschauer Platz.

In einer alten Flußschlinge der Lippe liegt Haus Hagenbeck, eine einst bedeutende Wasserburg. Sie wird bereits im 13. Jahrhundert urkundlich erwähnt. Nur noch Mauerreste und zugeschüttete Keller sind von der Hauptburg zu entdecken. Es handelt sich dabei wahrscheinlich um Reste des 1642 durch Michael von Gent ausgebauten Schlosses. Der Ringwall um die Hauptburg ist nur noch in Spuren zu erkennen. Die südlich gelegene Vorburg, ein Winkelflügel mit Torhaus, wurde im 17. und 18. Jahrhundert zweigeschossig ausgebaut. Im Ostflügel befindet sich ein Saal, in dem 1730 die „Annakapelle" mit barocker Ausstattung eingerichtet wurde. Die Gräben der Vorburg sind zugeschüttet, zwei Erdbastionen beseitigt. Hier wurden im ersten Drittel unseres Jahrhunderts weitere Gebäude errichtet. Haus Hagenbeck befindet sich in Privatbesitz.

Das prächtige westfälische Wasserschloß des Frühbarock entstand in den Jahren 1670 bis 1692 auf Veranlassung seines Besitzers Dietrich Konrad Adolf von Westerholt zu Hackfurt. Die Westerholter hatten die mittelalterliche Burganlage seit 1526 in ihrem Besitz. Sie war ursprünglich ein „festes Haus" der Herren von Lembeck, die bereits im 12. Jahrhundert in den Diensten des Bischofs von Münster standen. Von der früheren Dreiflügelanlage der Vorburg wurde der Nordflügel nach einem Brand nicht wieder aufgebaut. Vor- und Hauptburg liegen auf Inseln, die man über einen Brückenkopf erreicht. Die Gartenanlage, die sich dem Hausteich anschließt, ist als englischer Landschaftsgarten angelegt und berühmt für ihre Rhododendren. Obelisken, Vasen und Skulpturen sind prachtvolle Zutaten. Das Schloß ist im Privatbesitz des Grafen von Merveldt und dient heute als Museum und Hotel. In der Schloßgalerie sind Wechselausstellungen zeitgenössischer Kunst zu sehen, in einer Sonderabteilung Werke des Malers Hanns-Hubertus von Merveldt. Das Dachgeschoß enthält das Heimatmuseum des örtlichen Heimatvereins. In den Kellergewölben findet der Besucher ein Restaurant und eine Diskothek.

Johann Conrad Schlaun, Westfalens berühmter Baumeister, war auch in Lembeck tätig. Von ihm stammen die Entwürfe für die Parkanlage, die besonders zur Zeit der Rhododendron-Blüte Besucher in Scharen anzieht. Auch die Innengestaltung des Nordflügels der Hauptburg - nach 1729 in Angriff genommen - geht auf seine Pläne zurück. Der große Saal mit seiner Holztäfelung, den Marmorkaminen und der prächtigen Stuckdecke wird heute für Konzerte genutzt. 1951 wurde das Schloß- und Kunstmuseum eröffnet mit einer bedeutenden Sammlung zur Wohnkultur vom 16. bis 19. Jahrhundert. Erwähnenswert sind die im Flur aufgehängten fünf Gobelins aus flämischer Werkstatt, zahlreiche Gemälde, Schnitzarbeiten - darunter ein niederrheinischer Schnitzaltar von 1500 - und die Glas- und Porzellansammlungen. Unsere Fotos zeigen einen Blick in den Flur, eine Ansicht des Jägerzimmers und - ein Prunkstück - den geöffneten Wandschrank mit Porzellan aus Japan und China, dort eigens für die Familie hergestellt.

Die malerische Wasserburg Haus Bodelschwingh gilt als vollkommenste und historisch interessanteste Anlage im Dortmunder Stadtgebiet. Der gotische Kernbereich des zweigeschossigen Herrenhauses geht auf die Zeit um 1300 zurück. Im übrigen stammen die Baulichkeiten im wesentlichen aus dem 16. und 17. Jahrhundert. Die geschwungenen Giebel und die Turmhaube zeigen Renaissance- und Barockeinflüsse niederrheinischer Prägung. Eine steinerne Brücke verbindet die Anlage mit der von einer Gräfte umgebenen Vorburg aus dem Mittelalter, deren Fachwerkobergeschoß aus dem 18. Jahrhundert datiert. Im Inneren von Haus Bodelschwingh gibt es bemerkenswerte Schränke und eine berühmte Bildersammlung. Im Erdgeschoß steht ein Kamin aus der 2. Hälfte des 16. Jahrhunderts mit einem Gerichtsmotiv, ein Hinweis darauf, daß die Herren von Bodelschwingh früher als „Freigrafen der Feme" richterliche Tätigkeit ausübten.

Von der ehemals barocken Gartenanlage sind nur noch Teile erhalten. Eine prächtige Ahornallee führt zum westlichen Gartenteil, wo sich der Familienfriedhof der Herren von Bodelschwingh befindet – ein Mausoleum als klassizistischer Rundtempel. Durch den Bau der Autobahn ist die ursprüngliche Einheit von Park und Friedhof leider zerstört worden. Mit dem aufstrebenden Bergbau entstand in den 60er Jahren des 19. Jahrhunderts die Gefahr des Absinkens der Gräften, was zum Einsturz der auf Holzpfahlrosten stehenden Wasserburg hätte führen können. Doch durch eine 1871 mit der Grubenverwaltung getroffene Regelung konnte glücklicherweise der befürchtete Bergschaden vermieden und das Baudenkmal in seiner natürlichen Umgebung erhalten werden. Noch heute, nach 600 Jahren, ist Haus Bodelschwingh als einzige Anlage im Emschergebiet Familienbesitz und wird von den Nachkommen der Gründer (seit dem 19. Jahrhundert durch Einheirat: Familie von Knyphausen) bewohnt.

Das adelige Haus Brünninghausen, auf dem im 13. Jahrhundert ein Ministerialengeschlecht gleichen Namens lebte, stand früher mitten im Dorf Brünninghausen. Im 14. Jahrhundert entstanden außerhalb des Dorfes neue Gutshäuser, die 1483 aus dem Besitz der Familie Vittinghoff (vgl. Essen, Schloß Schellenberg) an die Familie von Romberg gelangte, mit der der weithin bekannte „tolle Bomberg" (= Romberg) und seine Streiche verbunden sind. Im 17. Jahrhundert wurde das Gut durch einen Schloßbau erweitert, der zu Beginn des 19. Jahrhunderts durch eine neue klassizistische Schloßanlage ersetzt wurde. 1927 verkaufte die Familie von Romberg, die das Gut bis dahin bewirtschaftet hatte, die Anlage an die Stadt Dortmund. Im zweiten Weltkrieg wurde die Wasserburg durch Bombentreffer fast völlig zerstört. Nur das 1681 erbaute halbrunde Torhaus ist, gut restauriert, erhalten geblieben und dient heute der Stadt Dortmund als Ausstellungsstätte. Im sog. Rombergpark und in der angrenzenden Bittermark wurden 1945, noch kurz vor dem Einmarsch amerikanischer Truppen, 2550 politische Häftlinge und Fremdarbeiter von der Gestapo erschossen. Heute ist der Rombergpark mit seinem vielfältigen Baumbestand (man spricht von der größten Gehölzsammlung Europas) ein beliebtes Erholungsgebiet.

Die gut erhaltene, einheitlich gruppierte Anlage wird urkundlich 1238 erstmals als Besitz der Herren von Dalwig genannt. Sie lag damals im Grenzgebiet der Grafen von der Mark und der Grafschaft Dortmund. Die Familie von Dellwig residierte hier bis 1727. Der im Kern bis ins 13. Jahrhundert zurückreichende Schloßkomplex wurde im Dreißigjährigen Krieg stark beschädigt und erhielt erst in der zweiten Hälfte des 17. Jahrhunderts seine heute noch im wesentlichen erhaltene Gestalt. Die dreiflügelige Vorburganlage entstand zu Beginn des 18. Jahrhunderts. Nach mehrfachen Besitzerwechseln erwarb die Gelsenkirchener Bergwerks AG 1904 Haus Dellwig ebenso wie das benachbarte Gut Holte. Bis dahin hatten bereits umfangreiche Sanierungsmaßnahmen durchgeführt werden müssen, weil Bergschäden durch das Grubenfeld Zollern-Germania die Sicherheit der Baulichkeiten bedrohten. Unter anderem mußte das Herrenhaus durch neue Strebepfeiler gestützt werden. Im zweiten Weltkrieg wurde das Herrenhaus durch zwei Bombentreffer beschädigt, nach Kriegsende aber wieder vorzüglich restauriert. Von der historischen Innenausstattung ist nur noch wenig erhalten. Die jüngere von ehemals zwei Mühlen außerhalb der Gräfte steht noch neben dem Försterhaus des Gutes an der Westricher Straße. Seit 1978 gehört Haus Dellwig der Stadt Dortmund.

800 Meter nordwestlich über dem Zusammenfluß von Ruhr und Lenne, strategisch ungemein günstig auf einem Vorsprung des Ardeygebirges gelegen, gab es spätestens im 8. Jahrhundert die „Sigiburg", eine Fliehburg, in die sich die einheimischen Sachsen bei Gefahr zurückziehen konnten. 775 eroberten christliche Franken unter Karl dem Großen diese Sigiburg. Kaiser Karl ließ innerhalb der dreifachen Wallanlage eine Peterskirche erbauen, sehr wahrscheinlich ein Vorläuferbau der heutigen Peterskirche. In die ehemalige Wallburg, von der heute noch Reste im Gelände zu erkennen sind, wurde im Mittelalter eine Turmburg hineingebaut, die zum Ende des 13. Jahrhunderts zerstört wurde. Von dieser Burg sind noch einige romantische Mauerreste erhalten. Im übrigen wird der Bergrücken von drei Denkmälern beherrscht. Der Vincketurm (im Bild) wurde 1857 zu Ehren des ersten Oberpräsidenten Westfalens, des 1844 verstorbenen Freiherrn Ludwig von Vincke (1774–1844), erbaut. Das Provinzialmonument (Kaiser-Wilhelm-Denkmal) entstand 1902 (umgebaut 1936) als Konkurrenzunternehmen der heimischen Großindustrie zum Kaiser-Wilhelm-Denkmal an der Porta Westfalica bei Minden. 500.000 Goldmark wurden seinerzeit aufgebracht für ein Nationaldenkmal auf der Hohensyburg, „das domestizierende Wirkung auf die Ruhrarbeiterschaft" ausüben sollte. Die dritte Gedenkstätte innerhalb des Geländes der ehemaligen sächsischen Volksburg, das Kriegerdenkmal, erinnert an die Toten des ersten Weltkrieges.

Über das ehemalige Haus Niederhofen am Heisterbach im Dortmunder Süden ist nur wenig bekannt. Offenbar gab es hier bereits zur Mitte des 13. Jahrhunderts eine Wasserburg, die dem Rittergeschlecht Schluch-Niederhov gehörte, das hier schon 100 Jahre früher urkundlich genannt wird. 1748 entstanden an der Stelle des Rittersitzes ein Wasserschloß und eine Vorburg als Zweiflügelanlage. Vom Haupthaus dieser Anlage ist nichts Näheres bekannt. Erhalten geblieben sind nur das hübsche Torhaus mit Laterne und Haube sowie das langgestreckte Vorgebäude. 1892 gelangte das Anwesen in den Besitz des Herzogs von Aremberg. Seit 1951 gehört es der Stadt Dortmund, wird aber nicht genutzt.

Die Ursprünge von Haus Rodenberg, eine der wenigen der einst zahlreichen Emscherburgen, die erhalten geblieben ist, gehen auf das 13. Jahrhundert zurück. Damals gab es hier eine stattliche Wasserburg, ein Lehnsgut der Grafen von der Mark. Im klevisch-märkischen Krieg wurde die Burg 1420 weitgehend zerstört. Gegen Ende des 17. Jahrhunderts gab man den noch erhaltenen Wohnturm auf der Gräfteinsel auf und baute die Anlage zu einem repräsentativen Herrensitz aus. Heute ist von der Bausubstanz des 18. Jahrhunderts nur noch eine dreiflügelige Anlage mit unverputzten Backsteinen und Fachwerkteilen erhalten. In der Mitte befindet sich ein quadratischer Treppenturm mit barocker Haube. Über dem Eingangstor ist das Wappen der Familie Voß-Bodelschwingh erhalten. Haus Rodenberg, das der Stadt Dortmund gehört, wurde in den letzten Monaten vollständig restauriert und bietet Platz für die Volkshochschule und eine Gaststätte.

Haus Sölde wird erstmals im 12. Jahrhundert erwähnt. Die heutige Anlage entstand in der Mitte des vorigen Jahrhunderts. Das neugotische Herrenhaus wurde dabei auf den Grundmauern des alten Wasserschlosses aus dem 16. Jahrhundert errichtet. Zeitgleich entstanden auch die Speichergebäude und der Scheunenbau. Der Turm stammt aus den 20er Jahren unseres Jahrhunderts. Wichtiger Bestand von Haus Sölde ist die Parkanlage. Der englische Landschaftspark ist im Stil einer „Ornamental Farm“ angelegt: Park, Obstwiese und Koppel mit Schweinen und Schafen sorgten für das gewünschte romantische Bild. Haus Sölde ist in Privatbesitz und bietet nach abgeschlossener Sanierung Platz für über 80 Eigentumswohnungen.

Haus Wenge ist für das Jahr 1313 als märkisches Lehen im Besitz der Herren von Weynghe erstmals bezeugt. Gegen Ende des 16. Jahrhunderts, während des Spanischen Erbfolgekrieges, wurde das Adelshaus von spanischen Truppen in Schutt und Asche gelegt. Bald darauf bauten es die Herren von der Wenge an derselben Stelle wieder auf. Teile der Umfassung und der Grundmauern aus dem 14. Jahrhundert sind noch vorhanden. Es entstand nun ein völlig neues Hauptgebäude, umgeben von Wirtschaftsgebäuden, Ställen und einer Kapelle. Es ist, von barocken Fassadengestaltungen abgesehen, bis heute erhalten als einziges Dortmunder Herrenhaus mit gotischen Formgebungen, beispielsweise in Treppengiebeln und Kreuzfenstern. Architektonisch bemerkenswert ist die riesige freistehende Dachkonstruktion im Inneren des Hauses. Zur Mitte des 20. Jahrhunderts erwarb die Stadt Dortmund das Anwesen von der Familie von Metternich und ließ alle Nebengebäude abreißen. Ein Teil der Gräfte wurde zugeschüttet; es entstand ein Park nach englischem Vorbild, der mit dem wunderschönen spätbarocken Herrenhaus nicht unbedingt harmoniert. Pläne der Stadt Dortmund, wonach auch das Haupthaus abgerissen werden sollte, konnten glücklicherweise nicht verwirklicht werden. Statt dessen erfolgte in den Jahren von 1962 bis 1973 eine aufwendige Restaurierung. So erhielt Haus Wenge zum Ausgleich von Bergschäden (das Gebäude war durch Einwirkungen des Bergbaus 1,50 Meter abgesunken) unterhalb der Erdoberfläche ein neues „Stahlbetonkorsett". Heute wird das Herrenhaus privat genutzt

1332 legten die Herren von Specke im Westen von Dortmund die Wasserburg Westhusen an, die rund 300 Jahre lang bestand und zu Beginn des 17. Jahrhunderts nach Zerstörungen völlig neu wiederaufgebaut wurde. In der Folgezeit baute man den zweigeschossigen Rechteckbau mit wehrhaftem Keller mehrfach um. Die Wirtschaftsgebäude wurden in den Jahren 1853 bis 1856 errichtet. Der mächtige polygonale Wohnturm der Hofseite und der Treppengiebel des Haupthauses entstanden 1886. Die Gelsenkirchener Bergwerks AG erwarb 1913 das Gut, dessen reicher Waldbestand durch bergbaubedingtes Absinken allmählich versumpfte. So legte man die Gräften 1928 trocken und pumpte das Wasser aus dem versumpften Gelände ab. Auf diese Weise wurde zwar der Gesamteindruck von Haus Westhusen als Wasserschloß zerstört, doch immerhin ist das Haus durch die Pumpwerke (die heute immer noch für trockenen Boden sorgen müssen) im weitläufigen Rahmer Wald erhalten geblieben. Das Haus wird seit 1992 als privates Altenheim genutzt und nennt sich jetzt „Seniorenresidenz Schloß Westhusen".

Einmalig in Deutschland ist die Kette von fünf Revierparks (Mattlerbusch/Duisburg, Vonderort/Oberhausen-Bottrop, Nienhausen/Gelsenkirchen-Essen, Gysenberg/Herne-Bochum, Wischlingen/Dortmund), die unter der Gesamtplanung des Kommunalverbandes Ruhrgebiet zwischen 1970 und 1979 entstanden. Der Revierpark Wischlingen, der als letzter 1979 eröffnet wurde, bietet auf 39 Hektar Fläche ein vielfältiges Freizeitangebot. Namengebend für diese Freizeitanlage war Haus Wischlingen, dessen Restbaulichkeiten in den nordwestlichen Teil des Revierparks integriert wurden. Die in der märkisch-klevischen Fehde 1443 zerstörte älteste Anlage ließ die Familie von Syberg in der Folgezeit als gräfteumgebenes Herrenhaus wiederaufbauen. Von dieser Bausubstanz ist heute nur noch die zu Wohnzwecken umgebaute Mühle vorhanden. Die Fachwerkkapelle (Bild) von 1783 besteht noch mit einem Kanzelaltar und einer Westempore. Zahlreiche Grabplatten erinnern an die Familien von Syberg und von Sydow. Georg von Syberg, ein Freund Martin Luthers, hat in der ersten Hälfte des 16. Jahrhunderts im Dortmunder Raum den ersten lutherischen Gottesdienst auf westfälischem Boden abhalten lassen.

17 83
VON SYBERG
VON ROMBERG
ERBAVET UND.VBR
GROESERT

Haus Böckum ist, obwohl „trockengefallen", die einzige noch erhaltene Wasserburg auf Duisburger Stadtgebiet. Die ehemaligen Gräben umfassen auf der Nordseite ein viereckiges Gelände, auf dem wohl einmal die Hauptburg stand. Erhalten ist leider nur die Vorburg, eine unverputzte Backsteinanlage, ein Vierkantturm mit geschweifter Schieferhaube und die Toreinfahrt, die aus dem 17. Jahrhundert stammt und noch Spuren einer ehemaligen Zugbrücke aufweist. Haus Böckum ist heute im Besitz des Grafen von Spee.

Die Grafen von Moers errichteten im Jahr 1487 an Stelle der Friemerheimer Burg ein Jagdschloß als viertürmige Burganlage: den Werthscher Hof. 1534 wurde das Schloß durch einen Brand fast ganz zerstört - erhalten blieb nur der achtseitige Südturm, dessen drei Stockwerke von einem Pyramidendach bedeckt sind. An diesen Turm wurde ein neues Wohnhaus angebaut. Der Werthsche Hof gehörte rund ein Jahrhundert lang dem Haus Hohenzollern, später der Familie Krupp und seit 1991 der Stadt Duisburg. Pächter ist schon seit 1933 die Familie Wefels, die ihn heute als Reiterhof nutzt.

Der Oberhof ist eines der wenigen Zeugnisse niederrheinischer Renaissance in Duisburg. Seine Schmalseiten mit ihren dreifach gestuften Giebeln tragen auf den Ankersplinten die Jahreszahl 1665. Der Bau stammt aber vermutlich schon aus dem hohen Mittelalter. Er soll Teil einer Siedlung der Abtei Werden gewesen sein, zu der mehr als 30 Höfe gehörten. Nach einem Brand von 1659 sind die heute noch bestehenden Gebäude 1665 neu errichtet worden. Im Laufe der Jahrhunderte wechselte der Oberhof mehrfach den Besitzer und wurde immer wieder restauriert. Vor dem zweiten Weltkrieg gehörte er der Firma Thyssen, 1953 kaufte ihn die Stadt Duisburg. Danach wurde die südliche Giebelfront, im letzten Jahrhundert verändert, nach dem Vorbild der erhaltenen nördlichen wiederhergestellt. Der Oberhof liegt ganz unromantisch direkt an der Autobahn 42 und beherbergt heute das Sozialamt des Bezirks Meiderich und die Dienststelle für Kriegsopferfürsorge. Seine schönen Grünanlagen laden die städtischen Beamten bei schönem Wetter zu ausgedehnten Mittagspausen ein.

Die Burg Altendorf entstand möglicherweise auf den Resten einer älteren Anlage gegen Ende des 12. Jahrhunderts, vermutlich als politischer und militärischer Stützpunkt der Grafen von der Mark, als deren Lehnsmänner die Herren von Altendorf ab 1252 genannt sind. Während des 13. und 14. Jahrhunderts waren die Herren von Altendorf auch als Verwaltungsbeamte in Essen und Werden tätig. Um 1400 erbten die Herren von Vittinghoff-Schell aus Rellinghausen die Burg, die in den darauffolgenden Jahrhunderten von verschiedenen westdeutschen Adelsfamilien bewohnt wurde und seit 1750 aufgegeben ist. Nach den Ausgrabungen der Jahre 1960 und 1969 wurde die ursprüngliche Konzeption der Anlage wieder deutlich, die in eine Vorburg mit den Wirtschaftsgebäuden und eine Hauptburg mit dem Wohnturm unterteilt war. Wassergräben umgaben das Anwesen und trennten auch Vor- und Hauptburg. Der Wohnturm der Hauptburg war von einer Ringmauer umgeben; er war 18 Meter hoch und in vier Stockwerke unterteilt. Der noch sichtbare, beeindruckende Rest ist das letzte Zeugnis eines mittelalterlichen Wohnturms dieser Art im Raum zwischen Rhein und Weser.

Haus Baldeney, früher eine wasserumgebene Burganlage am Ufer der Ruhr, soll 1226 vom Grafen Adolf von der Mark erbaut worden sein. Gesichert ist diese Annahme jedoch ebensowenig wie die Vermutung, daß es bereits früher (im 8. Jahrhundert?) ein befestigtes Haus (eine „Motte"?) gegeben hat. Festzustehen scheint lediglich, daß die ältesten Bauteile der schönen Anlage der mächtige, aus Ruhrsandstein errichtete mittlere Wohnturm, ein dreistöckiger Bergfried, und die 1337 gestiftete Kapelle sind. Wir dürfen annehmen, daß Haus Baldeney einst ein freier, keinem Herrscher unterstellter Rittersitz war, der später Lehnsgut der Abtei Werden wurde. Die Herren von Haus Baldeney waren zeitweise zugleich Erbmarschälle der Äbte zu Werden und Erbkämmerer der Äbtissinnen zu Essen. Über dem Portal von Haus Baldeney, das übrigens dem 1931 bis 1933 erbauten Baldeneysee den Namen gab, findet man das Wappen der Freiherren von Bottlenberg, genannt Schirp. Diese Familie, die dem Bergischen Uradel angehörte, besaß das Haus von 1737 bis 1968 und zeichnete auch für die Umbauten der Seitenflügel im 19. Jahrhundert verantwortlich. Die Kapelle von 1337, die 1821 umgebaut wurde und eine neue Innenausstattung erhielt, wurde in jüngster Zeit vollständig restauriert.

Borbeck, urkundlich 869 erstmals erwähnt, war ein alter Oberhof des Stifts Essen, der im Mittelalter von den Rittern von Borbeck zu einem Rittersitz ausgebaut wurde und 1227 in den Besitz des Stifts Essen zurückgelangte. Seit dem 14. Jahrhundert hielten sich die Essener Äbtissinnen häufiger auf ihrem Borbecker Wasserschloß auf, das ihnen bis zur Säkularisation 1803 als „Sommerresidenz" diente. Dies führte dazu, daß Schloß Borbeck über die Jahrhunderte hinweg „amtlich" gepflegt wurde, das heißt: immer wieder wurden Zerstörungen behoben, Schäden ausgebessert oder Umbauarbeiten vorgenommen. In seiner heutigen Gestalt gibt es das Schloß erst seit 1744. Während des 19. Jahrhunderts verkaufte der preußische Staat Schloß Borbeck, das in der Folge mehrfach den Besitzer wechselte, bis es 1941 von der Stadt Essen erworben wurde. Seitdem sind das Schloß und der 55 Hektar große Schloßpark für die Öffentlichkeit zugänglich. Das Gebäude ist beliebtes Bürgerzentrum und beherbergt die bekannte „Filmwerkstatt Essen." Der Name der im Schloß betriebenen Gaststätte „Zur Münze" erinnert daran, daß die Essener Äbtissinnen hier im 14. und 15. Jahrhundert eine Münzstätte betrieben hatten, in der „Essener Fettmännchen" und „Borbecker Groschen" geprägt worden sind. Das schmiedeeiserne Eingangstor zu Schloß und Park datiert aus dem 17. Jahrhundert und stand früher am Parkeingang von Schloß Hugenpoet in Essen-Kettwig. Sehenswert ist auch das spätklassizistische Wirtschaftsgebäude (erbaut 1839 - 1842) gegenüber dem Haupteingang und der Rest der Vorburg aus dem 15. Jahrhundert.

Vermutlich im 11. Jahrhundert gab es an der Stelle, an der Haus Heisingen steht, eine erste befestigte Anlage, die das (erstmals in einer Urkunde von 801 erwähnte) „villa hesingi", das Dorf Heisingen, schützte. Als Oberhof Coeveld oder Kofeld entwickelte sich aus der Anlage später ein Lehngut der Abtei Werden, ein festes Haus wurde errichtet. 1458 kaufte Ruprecht Stael von Holstein, der aus einem bis nach Nordeuropa verzweigten Bergisch-Clevischen Rittergeschlecht stammte, Haus Heisingen. Über 200 Jahre lang residierten hier die Herren von Stael-Holstein als Dienstmänner der Äbte von Werden, bis das Rittergeschlecht ausstarb. 1709 erwarb Abt Coelestin von Werden die Anlage und ließ sie umbauen. Bis zur Säkularisation 1803 konnte Haus Heisingen neben Haus Schuir als Sommerresidenz der Äbte von Werden genutzt werden. Während des 19. Jahrhunderts wechselte Haus Heisingen mehrfach den Besitzer, zeitweise gehörte es zum Grundbesitz der ehemaligen Heisinger Zeche Wasserschneppe (Wasserschnepfe), die 1880 den Betrieb einstellte. Seit 1890, also seit mehr als 100 Jahren, gehört das Herrenhaus der Familie Sonnenschein. Hartnäckig hat sich bis heute die Behauptung erhalten, um 1350 habe ein Italiener namens Bardelli, ein Zeitgenosse des berühmten Scharlatans Graf Cagliostro, dem Herren auf Haus Heisingen versprochen, auf chemischem Wege Gold herzustellen. Da Bardelli sein Versprechen nicht einhalten konnte, soll er von dem erbosten Ritter in einer Wandnische lebendig eingemauert worden sein.

Haus Horst ist einer der „sagenumwobensten“ ehemaligen Rittersitze im Essener Raum. Vermutlich wurde er im 12. Jahrhundert erbaut. Seit dieser Zeit sind die Herren von Horst urkundlich belegt, die in den folgenden Jahrhunderten immer wieder als Richter, Ministeriale und Kanoniker der Stifte Essen und Rellinghausen erscheinen; auch das Schultheißenamt von Eickenscheidt hatten sie zeitweise inne. Doch nicht immer waren es friedliche Leute, die auf Haus Horst residierten. Gelegentlich traten sie auch als Strauchritter und Straßenräuber in Erscheinung. Seit dem Aussterben der Ritter von Horst um 1400 kam es durch die Jahrhunderte zu stetigem Besitzwechsel. Das Rittergut verfiel immer mehr. Als 1945 der ehemalige Turnierhof zur besseren Nutzung umgepflügt und geeggt wurde, da zeichnete sich nach dem Trocknen in der Sommerwärme der frühere Grundriß der Burganlage auf dem Boden ab, und man erkannte, daß das Anwesen, von dem keine bildlichen Überlieferungen existieren, einmal enorm groß gewesen sein muß. Von den alten Baulichkeiten sind nur noch einige Mauern und zwei Türmchen vorhanden; die ehemalige Meierei und die alte Kapelle sind zu Wohnungen umgebaut worden. Im Freigelände von Haus Horst steht noch der sog. „Mordstein“ aus dem Jahre 1717, der die Geschichte eines Eifersuchtsdramas aus alter Zeit erzählt. Neben Haus Horst sind die Reste der Vryburg, einer frühgeschichtlichen Wallanlage (spätkarolingisch? 9. Jahrhundert?), zu besichtigen. Haus Horst beheimatet heute eines der größten privaten Fotomuseen Europas. Der hier abgebildete Schrank zeigt oben links die Voigtländer Metallkamera von 1840 mit dem von Prof. Petzval gerechneten Objektiv mit der sensationellen Lichtstärke von 1:3,7.

In landschaftlich schönster Lage oberhalb des Baldeneysees steht die Villa Hügel. 1870 hatte Alfred Krupp den Grundstein zu diesem „standesgemäßen Wohnhaus" gelegt. In den folgenden Jahren entstand unter Verwendung von bis zu 200 Zentner schweren Marmorblöcken, die aus Frankreich herangeschafft wurden, und zahllosen Ziegeln aus den Kruppschen Werken eine klassizistische Gründerzeitvilla, deren architekturhistorischer Wert fast ebenso groß ist wie die ausgefeilte hypermoderne Hauseinrichtung im Inneren, die noch heute Erstaunen hervorruft. Die Villa Hügel wurde bis 1945 von der Familie Krupp als Wohn- und Repräsentationshaus genutzt. Könige und Kaiser waren hier zu Gast. Politiker und Regierungschefs zahlloser Länder machten hier den „Kanonenkönigen" ihre Aufwartung. Politische Umwälzungen, Krieg und Frieden hingen von den Verhandlungen ab, die hier geführt wurden. 1945 beschlagnahmten die Alliierten die Villa Hügel und richteten bis 1952 die britische bzw. die britisch-amerikanische Kohlenkontrollkommission ein. Seit 1953 ist das Haus zu einem überregional ausstrahlenden Kulturzentrum im Ruhrgebiet geworden. Regelmäßig finden international beachtete Kunstausstellungen, Kongresse oder Konzerte statt, seit 1984 unter der Regie der „Kulturstiftung Ruhr". Im sogenannten „Kleinen Haus" der Villa Hügel befindet sich eine Dauerausstellung zur Geschichte der Firma und der Familie Krupp.

Nicht unternehmerischer Größenwahn, sondern der schlichte Wunsch, „einen Wald von Bäumen ... noch bei Lebzeiten zu genießen", veranlaßte Alfred Krupp, gleichzeitig mit dem Bau der Villa Hügel einen riesigen Park anlegen zu lassen und darauf zu verzichten, das Wachsen der Natur abzuwarten. Statt dessen ließ er mehrere Spezialwagen bauen, die von überall her ausgewachsene Bäume herbeischafften, so daß in kürzester Zeit ein baumbestandener Park nach englischem Vorbild die Villa Hügel umgab. So sollen u. a. eine ganze Ulmenallee aus Mülheim und an die 100 alte Bäume aus Gelsenkirchen hierher verpflanzt worden sein. Hatte Alfred Krupp „einheimische Arten" wie Buchen, Eichen, Linden, Platanen, Tannen oder Fichten bevorzugt, so ließen seine Nachfolger den Park in der Zeit zwischen 1890 und 1914 durch zahllose exotische Bäume und Pflanzen ergänzen. Seit 1914 ist der Hügelpark mit seinen botanischen Raritäten wie z. B. immergrünen Mammutbäumen kaum noch verändert, sondern nur noch gepflegt und gegebenenfalls ersetzt worden. So ist er zu einem erstrangigen Naturdenkmal geworden.

Schloß Hugenpoet erscheint in alten Urkunden bereits für das Jahr 778 als Königsgut Karls des Großen. Ursprünglich lag die Anlage etwa 200 Meter westlich, „einen Flintenschuß entfernt", von dem heutigen Schloß. Es stammt im wesentlichen aus dem 17. Jahrhundert, nachdem der alte Adelssitz zweimal zerstört wurde: 1478 durch Brand, 1633 durch schwedische und kaiserliche Kriegshorden. 1647 begann Johann Wilhelm von Nesselrode-Hugenpoet mit dem Bau eines neuen Wasserschlosses. Es entstand eine zweitürmige Anlage mit Vorburg und Wirtschaftshöfen. Rund 50 Jahre bis 1696 dauerten die Bauarbeiten, dann war das prächtige Anwesen einschließlich der Innenausstattung, von der noch vieles vorhanden ist (Treppenhaus, Renaissancekamine, Bilder), fertiggestellt. 1831 erwarb es der Freiherr Friedrich Leopold von Fürstenberg auf einer Versteigerung. Bis heute ist die herrliche Anlage im Besitz derer von Fürstenberg. Seit 1955 wird in den gut erhaltenen alten Mauern ein Hotel- und Restaurationsbetrieb geführt, in dem viele prominente Gäste Unterkunft fanden. So verbrachte der berühmte Schauspieler Paul Henkels hier seine letzten Lebensjahre, der durch seine Rolle als Professor „Bömmel" in der ersten Verfilmung der „Feuerzangenbowle" neben dem Essener Schauspieler Heinz Rühmann unsterblich geworden ist. Der gepflegte Schloßpark und das Innere der Anlage, vor allem die aus Schloß Horst an der Emscher stammenden fünf Renaissancekamine (1560–1578), sind nur für Gäste des Hotel-Restaurants zugänglich.

SCHLOSS
HUGENPOET

Schloß Landsberg wurde zum Ende des 13. Jahrhunderts von den Grafen von Berg zum Schutze des Ruhrübergangs bei Kettwig erbaut. Der noch erhaltene Bergfried mit dem achteckigen Treppenturm stammt aus jener Zeit. Zweifelsohne hatte die Anlage noch einen oder mehrere Vorläuferbauten, von denen allerdings so gut wie nichts mehr bekannt ist. Schloß Landsberg, deren Herren sich im Mittelalter gerne als Raubritter betätigten, erlebte eine wechselvolle Geschichte. Insbesondere während des Dreißigjährigen Krieges kam es zu häufigen Eroberungen durch fremde Truppen. Nachdem es während des 18. Jahrhunderts mehrfach zu Besitzerwechseln gekommen war, kaufte schließlich 1903 der Großindustrielle August Thyssen das auf der Grenze von Essen zu Ratingen liegende Anwesen. Er ließ es so wieder herrichten, wie es vermutlich um das Jahr 1666 ausgesehen hat. August Thyssen lebte hier bis 1926; er fand seine letzte Ruhestätte im Bergfried des Schlosses. Nach dem zweiten Weltkrieg befand sich in Schloß Landsberg ein Kinderheim der Stadt Mülheim, von 1967 bis 1984 eine Tagungsstätte des Evangelischen Stadtkirchenverbandes Essen. Nach viereinhalb Jahre lang dauernden, sorgfältigen Umbauarbeiten und Beteiligung des Denkmalschutzes wird Schloß Landsberg, die „Zierde im Ruhrtal", seit Anfang 1993 als Seminar- und Tagungsstätte der Thyssen AG genutzt.

Bereits in Urkunden des frühen 9. Jahrhunderts wird Oefte genannt. Ursprünglich dürfte es sich um ein einfaches Bauerngut gehandelt haben, aus dem sich vom 12. Jahrhundert an allmählich ein Adelssitz entwickelte, nachdem der Haupthof mit einigen Unterhöfen von der Abtei Werden einem freien Dienstmann verliehen wurde, der den Namen „von Oefte" führte und Inhaber des Drostenamtes in Werden war. Obwohl sie zum Werdener Hofstaat gehörten, sahen sich die Herren von Oefte nicht daran gehindert, sich als Raubritter zu betätigen, Handelszüge zu überfallen und „Pfeffersäcke" auszuplündern. Im 14. Jahrhundert trieben sie es so schlimm, daß ihnen der Herzog von Berg und die Stadt Köln eine jährliche Rente aussetzten, nur um die „Raufbolde" zu veranlassen, ihr Unwesen woanders zu treiben. 1438 kam Oefte an die Familie von Eller und wechselte in den folgenden Jahrhunderten relativ häufig den Besitzer, was zu mehrfachen Umbauten der alten burgähnlichen Anlage führte. So wie sich Oefte heute als schloßartiges festes Haus präsentiert, stammt es aus dem Jahre 1842. Die letzten Umbauten (Erhöhung des Mittelturms, Zinnenkranz) datieren von 1888. Gegenwärtig werden Haus Oefte und das umliegende Land von einem Golfclub genutzt.

Wann genau der Adelssitz Schellenberg erbaut wurde, wissen wir nicht mehr. Erste schriftliche Nachrichten über wechselnde Besitzverhältnisse stammen aus dem 14. Jahrhundert. 1452 schließlich kam das Anwesen in den Besitz der Familie Vittinghoff-Schell, der es heute noch gehört. 1456 übertrug die Äbtissin von Essen das Erbdrostenamt an den Freiherrn von Vittinghoff-Schell. Diese erbliche Würde behielt die Familie bis zur Säkularisation des Stifts Essen 1803. Im Laufe der Jahrhunderte wandelte sich das Aussehen des Familienbesitzes von einer befestigten Burg zu einer Schloßanlage. Der älteste erhaltene Teil ist der Bergfried, der zusammen mit dem angebauten Steinhaus als Wohnturm benutzt wurde. Er stammt ebenso wie die Kapelle aus dem 14. Jahrhundert. Während des 17. Jahrhunderts wurde die Anlage mehrfach umgebaut und erweitert. Der letzte Anbau stammt aus dem Jahre 1820. Der barocke Pavillon (Lusthäuschen) im Garten datiert von 1674. Zur Zeit wird Schloß Schellenberg als Schulungsstätte für Polizeibeamte benutzt.

Der ehemalige Rittersitz, nachweisbar seit dem 13. Jahrhundert, war einst ein Lehnsgut der Abtei Werden, zu dem zeitweise 23 Unterhöfe gehörten. Während des 16./17. Jahrhunderts wurde das Gut zu vier rechtwinklig aneinanderstoßenden Wohn- und Wirtschaftstrakten ausgebaut, die einen geräumigen Innenhof umschlossen. Die Vorderfront des Herrenhauses war von zwei mächtigen quadratischen Türmen mit Pyramidendächern flankiert. Diese Gestalt behielt Haus Scheppen im wesentlichen bis zum zweiten Weltkrieg. 1944 wurde die Anlage durch Bombentreffer stark beschädigt. Was von den mächtigen Ruhrsandsteinmauern erhalten blieb, wurde nach dem Krieg befestigt. Heute befindet sich in Haus Scheppen eine Ausflugsgaststätte. Wichtig ist der Hinweis, daß Haus Scheppen früher am Ufer der Ruhr lag, die jedoch zeitweise ihr Bett verlagerte, so daß das Gut vom Wasser gänzlich isoliert war. Erst durch den Aufstau des Baldeneysees (1933) ist Haus Scheppen von Wasser umgeben und quasi zur „Wasserburg" geworden.

Friedrich W. Fürchtegott Niemann, Pächter der Burg Horst, ließ zwischen 1842 und 1848 von einem Schinkelschüler aus Berlin das neoklassizistische Herrenhaus auf den Ruhrhöhen oberhalb der Schleuse Horst erbauen. In dem dazugehörigen Park findet man noch seltene Bäume - Geschenke Alfred Krupps an Niemann, die ursprünglich im Park der Villa Hügel ihren Platz finden sollten. Von 1860/70 bis 1910 gehörte das Herrenhaus einem gewissen Heinrich Danner. Dann erwarb es der Steeler Unternehmer Wilhelm Vogelsang, dessen Namen das Haus noch trägt. 1947 wurde die Villa Vogelsang an das Deutsche Rote Kreuz verkauft und als Müttergenesungsheim eingerichtet. 1962 erwarb das Bistum Essen das Anwesen als „Stammsitz" der Genossenschaft der katholischen missionsärztlichen Schwestern.

Über die mittelalterlichen Baulichkeiten der Abtei Werden sind wir bei weitem nicht so gut unterrichtet wie beispielsweise über die Baugeschichte der ehemaligen Abteikirche, die auf eine Gründung Liudgers aus dem Jahre 799 zurückgeht. Der heute noch an die Kirche anschließende Baukomplex ist erst im letzten halben Jahrhundert der rund 1000jährigen Geschichte der Werdener Abtei gewachsen. Der barocke Mittelbau, der rechte Flügel sowie die Meierei entstanden zwischen 1732 und 1757 unter Abt Benedikt von Geismar (1727 - 1757). Unter seinem Nachfolger, Abt Anselm von Sonius (1757 - 1774), wurde der linke Flügel vollendet, und unter Abt Bernhard II. Bierbaum (1780 - 1798) entstanden die dahinterliegenden Konventsgebäude. Nach der Säkularisation 1803 wurde die alte Reichsabtei umgebaut und von 1811 bis 1928 als Königlich-preußische Strafanstalt genutzt. Seit 1946 ist sie Sitz der Folkwang-Hochschule. In den letzten Jahrzehnten ist die abteiliche Residenz kontinuierlich restauriert worden. 1968 entstand im östlichen Bereich unter Einbeziehung eines ehemaligen Tuchlagers die „neue Aula"; die aus Bruchsteinen erbaute ehemalige abteiliche Meierei wurde für den Schauspiel- und Pantomimenbereich der Folkwang-Hochschule hergerichtet und mit einer Mensa und einer Cafeteria ausgestattet. Zu Pfingsten treffen sich regelmäßig die deutschen Schützenverbände im Hof der Schule.

Seit der Mitte des 13. Jahrhunderts erscheinen die Ritter von Berge als Lehnsleute der Grafen von Limburg in den Urkunden. Die Ursprünge von Schloß Berge dürften allerdings weiter in die Vergangenheit zurückreichen. Wahrscheinlich im 12. Jahrhundert, vielleicht aber auch schon im 11. Jahrhundert entstand hier, nördlich der Emscher im ansteigenden Gelände, ein wasserumgebenes festes Haus aus Bruchsteinen. In der ersten Hälfte des 16. Jahrhunderts ließ die Familie von Boenen den alten Rittersitz zu einer Schloßanlage umbauen. Aus jener Zeit ist der nördliche Trakt des Herrenhauses erhalten. Im übrigen wurde das Schloß zum Ende des 18. Jahrhunderts zu der heute noch repräsentativ wirkenden, zweigeschossigen Dreiflügelanlage ausgebaut, die nach dem Vorbild französischer Barockbauten ein Mansarddach erhielt. So ist mit Schloß Berge ein insgesamt spätbarock wirkendes Wasserschloß erhalten, das jedoch deutliche Elemente des kühleren Klassizismus zeigt. 1901 wurde das Schloß als Wohnsitz der Familie Westerholt aufgegeben, und es entstand hier eine Ausflugsgaststätte. 1924 erwarb die Stadt Gelsenkirchen das Anwesen. Kurz darauf (1927) wurden die Vorburg, die Wirtschaftsgebäude und die neugotische Kapelle abgerissen.

Nach dem zweiten Weltkrieg wurden gründliche Restaurierungsarbeiten erforderlich, die man 1952/53 und 1977/78 durchführte. Fenster und Gesimse wurden erneuert, die Dächer neu gedeckt und neuere Anbauten beseitigt. Anstelle der alten Holzterrasse auf der Südseite entstand eine Glasveranda. Bergbauschäden wurde dadurch entgegengewirkt, daß man die Gründung des Schlosses durch ein Stahlbetonträgerkorsett verstärkte. Das Innere erhielt eine Umgestaltung für die Nutzung als Hotel- und Restaurationsbetrieb. So gilt Schloß Berge heute zwar als „gute Stube" Gelsenkirchens, doch von der ursprünglichen Atmosphäre der Räume, in denen Napoleon I. eine Nacht zubrachte und später Marschall Blücher mit der Schloßherrin Schach spielte, ist kaum noch etwas erhalten. Mitten im Buerschen Grüngürtel gelegen, ist Schloß Berge Zentrum eines der schönsten Erholungsgebiete des Ruhrgebietes. Zu Beginn der 20er Jahre wurden der geometrische Barockgarten auf der Südseite aus der Zeit um 1700 und gleichzeitig auch der sich nach Westen erstreckende, rund 100 Jahre ältere, englische Garten in ihren ursprünglichen Zustand zurückversetzt. Die gepflegten Gärten mit Sandsteinfiguren aus dem 18. Jahrhundert, wertvollem Baumbestand, Teichen, einem Kräutergarten und vielen anderen Sehenswürdigkeiten bilden heute nicht nur eine Oase der Ruhe, sondern bieten dem Besucher auch historisch interessante Aspekte aus dem Leben unserer Vorfahren.

Das, was heute noch von Schloß Horst zu sehen ist, läßt kaum erahnen, daß hier einst eine Wasserschloßanlage von europäischem Rang stand, ein Bauwerk, dessen Architekturstil Ausgangspunkt für den kunsthistorischen Begriff „Lippe-Renaissance" wurde. In den Jahren von 1558 bis 1578 ließ der kurkölnische Statthalter Marschall Rüttger von der Horst auf den Resten einer mittelalterlichen Burganlage eine Residenz erbauen. Die Baumeister Arndt Johannsen und Joist de la Court zeichneten unter Anlehnung an niederländische und französische Vorbilder für einen Repräsentationsbau verantwortlich, der in der Region zwischen Ruhr und Lippe nicht seinesgleichen hatte. Es entstand eine große Vierflügelanlage als Wasserschloß mit vier Wohntürmen, von denen man auf das davorliegende Torhaus und die Wirtschaftsgebäude hinabsehen konnte. Seit Beginn des 18. Jahrhunderts wurde Schloß Horst nur noch selten bewohnt und wenig gepflegt. Schnelle Verwahrlosung war die Folge, so daß in der zweiten Hälfte des 19. Jahrhunderts große Teile abgerissen werden mußten. So blieben von der prächtigen Anlage bis heute nur der sogenannte Dienerflügel und ein Teil des Herrenhauses erhalten. Im Innern ist auch nur noch einer der ursprünglich neun mächtigen Kamine, der „Auferstehungskamin", vorhanden, mit dem die rheinischen Bildhauer Heinrich Vernukken und sein Sohn Wilhelm sowie Laurenz von Bracchum während der Bauphase die Räumlichkeiten geschmückt hatten. Wenn im April 1997 die Bundesgartenschau eröffnet wird, sollen im Schloß das städtische Standesamt, ein Renaissance-Museum, Gastronomie und Räume für kulturelle Veranstaltungen fertiggestellt sein.

Haus Lüttinghof gehört zu den weniger bekannten Wasserburgen des Ruhrgebietes, zählt aber gleichwohl zu den architekturgeschichtlich wichtigen Bauwerken der Region. Vermutlich zu Beginn des 13. Jahrhunderts wurde hier eine Wasserburg als kurkölnische Grenzfeste angelegt. Die ursprüngliche Anlage bestand lediglich aus einem befestigten Wohnturm. Böse Erfahrungen zwangen bald dazu, den Wohnturm, der nur unzureichenden Schutz bei Belagerungen bot, zu erweitern, so daß ein regelrechter wasserumgebener Burgflügel entstand, der durch eine Steinbrücke mit einer Vorburg verbunden war, die quasi auf einer zweiten Insel stand, auf der sich auch die Wirtschaftsgebäude befanden. Erst in der zweiten Hälfte des 17. Jahrhunderts wurde die Anlage wesentlich umgebaut. Sie sollte nun, da sie nicht mehr als Wehrbau diente, wohnlicher und repräsentativer werden. Das Innere dürfte damals eine opulente barocke Innenausstattung erhalten haben. 1851 wurde die kleine Kapelle der Vorburg, die aus der Zeit um 1500 stammt, erneuert. Alle Umbauten haben den Charakter der ursprünglichen Anlage im Kern nicht verändert.

So ist Haus Lüttinghof, dessen Mauern nach wie vor steil aus dem Wasser aufragen, als reiner Wehr-Zweckbau erhalten geblieben, ein seltenes Beispiel für das älteste Aussehen der westfälischen Wasserburgen. Um den drohenden Verfall aufzuhalten, wurde Haus Lüttinghoff seit 1973 kontinuierlich saniert. Es entstand ein Neubaukomplex, dessen drei Flügel heute einen zum alten Herrenhaus hin orientierten Innenhof bilden. Die Neubauten werden als zentrale Restaurierungsstätte des Landschaftsverbandes Westfalen-Lippe mit angeschlossener Fachschule genutzt. In den Werkstätten werden Kunstwerke und Ausstellungsstücke der über 100 Museen Westfalens überholt und aufgefrischt. Im ehemaligen Barockgarten gibt es noch verwitterte Skulpturen aus Baumberger Sandstein mit Darstellungen aus der griechischen Mythologie.

Außerhalb des Stadtkerns von Gladbeck liegt inmitten ausgedehnter Wälder die Wasserburg Wittringen, in früheren Jahrhunderten Ort von politischem und wirtschaftlichem Einfluß, heute ein Anlaufpunkt für Freizeit und Kultur. Als erster Inhaber des Hauses erscheint im Jahre 1263 urkundlich Ludolph von Wittringen, dessen Nachfolger bis in die Mitte des 15. Jahrhunderts nachzuweisen sind. Für zwei Jahrzehnte fiel das Schloß in die Hände der von Oefte, die es an den Ritter Jakob von der Capellen weitergaben, als er sich mit einer Tochter der Familie verlobte. Die Verlobung lohnte sich, denn obwohl die Braut ihrem Bräutigam untreu wurde und schließlich eine andere Ehe einging, durfte der Ritter das Geschenk behalten. Seine Familie, ohnehin aus der Nachbar-Grafschaft Mark stammend, blieb 150 Jahre lang auf Schloß Wittringen. 1696 kam das Schloß an Arnold Johann von Vittinghoff. Zu diesem Zeitpunkt umfaßte der Besitz rund 350 Morgen Land und war zu einem privilegierten und wirtschaftlich bedeutenden Anwesen geworden. Über 30 Bauernhöfe der Umgebung waren dem Haus abgabepflichtig. Im Mai 1922 bot Freiherr Friedrich von Vittinghoff-Schell der Stadt das Schloß zum Kauf an. Das im Fachwerk restaurierte Herrenhaus beheimatet heute das Museum der Stadt Gladbeck, das sich bei der Präsentation gerne moderner Medien bedient – sozusagen als Gegenpol zur imposanten Historie. Bei der Restauration des Schlosses in den 20er Jahren war es möglich, Teile des Herrenhauses aus dem 17. Jahrhundert nachzubauen. So wurden zum Beispiel die alten Stuckdecken in Gips abgeformt und im Museum wieder angebracht. Davon hat auch das Schloßrestaurant profitiert, das im Renaissancestil ausgestattet wurde.

Nach Zerstörung der Hohensyburg durch die Grafen von der Mark (um 1290) nahm das Geschlecht von Syberg seinen Sitz in Westhofen. Von hier aus kaufte Hermann von Syberg um 1350 den späteren Rittersitz Haus Busch, über dessen Ursprünge keine Nachrichten vorliegen. Das Herrenhaus stammt aus der Zeit um 1700, hat aber seine heutige Gestalt erst im 19. Jahrhundert erhalten, ebenso wie die dreiflügelige Vorburg. Die Familie von Syberg lebte bis 1827 auf Haus Busch, dann kam es durch Heirat an die Familie von Vincke, deren berühmtester Vertreter der Westfälische Oberpräsident Freiherr Ludwig von Vincke (vgl. Dortmund, Hohensyburg) wurde. 1929, wenige Jahre nach Errichtung des rechten Gebäudeflügels (1923), erwarb die Stadt Hagen Haus Busch und richtete im Herrenhaus ein Altersheim ein. Zu Beginn der 70er Jahre wurden die Baulichkeiten umgestaltet. Heute befindet sich in ihnen eine Aus- und Weiterbildungsstätte für Journalisten.

Haus Harkorten wurde 1756/57 als neues Wohnhaus der hier seit dem 15. Jahrhundert ansässigen Familie Harkort errichtet. Heute gilt es als eines der schönsten und künstlerisch wertvollsten Beispiele eines Bergischen Bürgerhauses der Rokokozeit. Geschaffen wurde der Fachwerkbau von dem Schwelmer Baumeister Eberhard Haarmann, der mit dem Grau der Verschieferung, dem Weiß der Holzteile und dem Grün der Fensterläden den bekannten Bergischen Farbdreiklang sehr harmonisch in die Architektur integrierte. Bemerkenswert sind die reichen Zierschnitzereien am portalartig gestalteten Haupteingang. Auf Haus Harkorten wurde einer der bedeutendsten Industriepioniere des Ruhrgebietes geboren: Friedrich-Wilhelm Harkort (1793 – 1880).

Die Geschichte von Schloß Hohenlimburg beginnt mit einem Mord: 1225 wurde der Kölner Erzbischof und Reichskanzler Engelbert von seinem Neffen, Graf Friedrich von Isenberg, in der Nähe von Gevelsberg umgebracht. Vorausgegangen war ein Streit über die Ausübung der Vogteirechte in Essen. Friedrich von Isenberg wurde im darauffolgenden Jahr gefaßt und in Köln hingerichtet. Friedrichs Sohn, Dietrich von Isenberg, drohte der Verlust des väterlichen Erbes, das die Grafen von der Mark für sich beanspruchten. Doch mit Hilfe seines mächtigen Onkels Heinrich von Berg (des späteren Herzogs von Limburg) konnte sich Dietrich von Isenberg durchsetzen. Nachdem er eine märkische Festung erobert hatte, ließ er im Jahre 1230 etwa 800 Meter entfernt eine neue Wehrburg anlegen, die „Neue Limburg“ (seit 1879 „Hohenlimburg“), die sich als Zentrum der kleinen Grafschaft Limburg jahrhundertelang gegen die viel größere Grafschaft Mark behaupten konnte. 1589 gelangte die Festung an die Fürsten von Bentheim-Tecklenburg-Rheda, denen sie heute noch gehört. Die Baugeschichte der Hohenlimburg ist kompliziert, da im Laufe der Jahrhunderte als Folge von Teilzerstörungen oder Bränden immer An- oder Umbauten durchgeführt wurden. Gleichwohl hat sich bis zum heutigen Tage der stattliche mittelalterliche Charakter der Anlage als wehrhafte Festung gut erhalten. Im Mittelalter gab es vor der Burg einen sogenannten Freistuhl. Hier tagte ein Femegericht, das vom Kaiser mit dem Blutbann beliehen war. Dies bedeutete, daß es auch Todesurteile aussprechen und vollstrecken lassen konnte.

Heute beherbergt die Hohenlimburg ein kulturhistorisches Museum, dessen besondere Attraktion die Einbeziehung der inneren Baulichkeiten und die Öffnung alter Wohnräume mit Originalmobiliar ist. Hervorzuheben sind der „Fürstensaal" (Bild) mit zahlreichen Portraits und Delfter Wandkacheln und das „Empirezimmer" mit Möbeln und Kunstgegenständen aus napoleonischer Zeit. Das „Rote Zimmer" mit klassizistischer Einrichtung und das „Blaue Zimmer" im Biedermeierstil ergänzen das Erscheinungsbild fürstlicher Prachtentfaltung. Überregionale Bedeutung haben auch die Exponate zur Ur- und Frühgeschichte, zur Stadt- und Territorialgeschichte sowie zur Industriegeschichte (Limburger Werke stellten einmal 75 Prozent des kaltgewalzten Stahls in Deutschland her!).

Französiche Kriegsgefangene waren es, die 1871 nach verlorener Schlacht in Hagen die Arbeit am Bau von Haus Ruhreck verrichteten. Weil es unter der Leitung von Freiherr von Killing entstand, nannte der Volksmund sie einfach „Killings-Burg". Die finanziellen Mittel hatte der Freiherr aber nicht aus Reparationen erhalten, sondern durch seine anscheinend gut florierende Fabrik für Güterwagen, mit denen er die Märkische Bahn und die Rheinische Bahn belieferte, selbst aufgebracht. Nach dem zweiten Weltkrieg erwarb der Bauunternehmer Otto Rempke Haus Ruhreck. Die Etagen waren in kleine Mietwohnungen unterteilt und das Haus sehr heruntergekommen. Da baute Rempke unweit des Hauses einen Mietwohnungsgürtel, ließ alle Mieter aus Haus Ruhreck ausziehen und renovierte es 1964 total. Heute arbeitet in der Villa ein Architekt. Haus Ruhreck liegt weit ab von der Straße umgeben von dichtem, altem Baumbestand. Ins Auge fallen der vorspringende Turm, der noch von einem runden Treppenturm überragt wird, und der Zinnenkranz mit den hohen Eckzinnen, der das eigentliche Dach versteckt. Die Villa ist ein verhältnismäßig spätes Beispiel der romantischen Neugotik Schinkelscher Prägung, die stark von englischen Noten durchsetzt ist.

Still und verträumt, in landschaftlich schöner Lage auf einer Ruhrhalbinsel östlich des Harkortsees, liegt Haus Werdringen. 1332 gab es hier bereits eine befestigte Anlage, die den Herren von Rodinghausen gehörte. Es handelte sich um ein landwirtschaftliches Gut, das im Laufe der Jahrhunderte durch steten Zukauf so groß wurde, daß die Ländereien aufgeteilt werden mußten. Im 17. Jahrhundert, als die Familie von Berchem das Anwesen übernahm und sämtlichen Landbesitz wieder in einer Hand vereinigte, war es eines der größten der Region, ging aber im Laufe der Jahrhunderte durch die Hände verschiedener Besitzer. 1977 übernahm die Stadt Hagen das Anwesen, das für rund 15 Millionen restauriert und ausgebaut wird. Eine kulturelle Begegnungsstätte wurde im April 1995 eröffnet, 1997 und 1998 sollen Gastronomiebetriebe folgen. Von der mittelalterlichen Bausubstanz ist heute fast nichts mehr erhalten. Die Anlage präsentiert sich nach einem gründlichen Umbau zur Mitte des 19. Jahrhunderts nun als neugotische Wasserburg. Der mit Wasserspielen ausgestattete Park, der seinerzeit ebenfalls neu angelegt wurde, ist leider nicht mehr vorhanden. Die erhaltenen Wirtschaftsgebäude sind älter als die umgebaute Burg; sie stammen wohl aus dem 17. Jahrhundert.

Der Ermelinghof erhielt seinen Namen von der Familie von Ermel, die ihn im 13. Jahrhundert bewohnte. Viel mehr ist über diese frühe Phase des Hauses nicht bekannt, nur, daß er nach mehreren Besitzerwechseln im Jahr 1410 durch Heirat an das berühmte Geschlecht von Galen gelangte, das danach mehr als dreieinhalb Jahrhunderte auf Ermelinghof saß. Ihr letzter männlicher Nachkomme, der Domherr zu Minden Klemens August von Galen, ertrank 1809 in der Weser. Zu diesem Zeitpunkt gehörte ihm der Ermelinghof aber schon einige Jahrzehnte nicht mehr, denn Franz Joseph von Galen hatte Konkurs anmelden müssen, so daß der Hof durch mehrere Gläubigerhände wanderte, bis er schließlich an die von Twickel fiel. Ein Großbrand vernichtete 1875 fast die ganze Anlage. Verschont blieben lediglich die Brauerei und die barocke Schloßkapelle; das Wohnhaus und die Wirtschaftsgebäude aus Fachwerk wurden im klassizistischen Baustil mit einigen erhaltenen alten Teilen wiederaufgebaut. Haus Ermelinghof ist heute in Privatbesitz.

Haus Heessen gehört zu den ältesten Gütern im Revier. Bereits 975 taucht der Name in einer Urkunde Kaiser Ottos II. auf, doch noch 1243 wird das Anwesen schlicht „Hof" genannt. Der Grundstein für das Haus wurde vermutlich von Dietrich von der Recke um die Mitte des 15. Jahrhunderts gelegt. Das Haus auf einer Lippeinsel mußte nach einem Brand im 17. Jahrhundert erneuert werden. Das später klassizistisch überformte Haus erhielt sein heutiges Aussehen mit zinnenbekrönten Stufengiebeln während des großen Umbaus in den Jahren 1905 bis 1908, mit dem Freiherr Dietrich von Boeselager den Architekten Alfred Heessen beauftragt hatte. Er brachte die Gebäude nach alten Zeichnungen wieder in ihren ursprünglichen Zustand. Der schöne, überdachte Eingang im Innenhof erinnert an fränkische Rathausportale. Ein Kleinod im Stille der Neugotik ist die Kapelle. Sie wurde erst 1982 wiederentdeckt. Der über zwei Geschosse reichende Raum entstand um 1909 nach den Plänen des englischen Architekten Sidney Tugwell. Auffallend sind das Fächergewölbe und die prachtvolle Empore aus hellem Sandstein. Das Wasserschloß beheimatet seit 1957 ein privates Tagesgymnasium und Internat, dessen Schüler und Lehrer die ungewöhnliche Schloßkulisse auch für Musik- und Theaterdarbietungen nutzen.

Weit im Osten und schon fast an der Grenze zum Kreis Soest liegt Haus Hohenover an der Ahse. Seine Geschichte deckt sich zu großen Teilen mit der des Hauses Ermelinghof, denn es war ebenfalls lange Zeit im Besitz der Familie von Galen. Tonies von Galen, der 1487 starb, wird als erster Eigentümer genannt. Als die von Galen – schwer verschuldet – 1667 das Haus abgeben mußten, ging es zunächst durch mehrere Hände, um schließlich Wohnsitz des Bürgermeisters zu Hamm zu werden. Justizrat Christian Albrecht zur Heiden nannte sich später Herr zu Hohenover. Berechtigterweise, denn immerhin zeichnete er für den Bau des neuen Herrenhauses verantwortlich, das er mit seinem Familienwappen über der Eingangstür schmückte. Den Abschluß des Baus bekundete das schmiedeeiserne Tor mit der Jahreszahl 1783. Auch im 19. und 20. Jahrhundert reihten sich noch viele Familien in die Reihe der Hausbesitzer ein. Auch heute wird Haus Hohenover noch privat genutzt.

Über die Geschichte des Hauses Kentrop wissen wir leider sehr wenig. Und das liegt nur zum Teil daran, daß es seit vielen Jahrzehnten in privatem Besitz ist und seine Bewohner sehr zurückgezogen leben. Schuld sind vielmehr diejenigen, die Anfang des 19. Jahrhunderts sämtliche Papiere und Dokumente vernichteten, die Aufschluß über Bau, Entstehung und Besitz enthielten. Übrig blieben nur wenige Urkunden – darunter eine aus dem Jahre 1292. Sie dokumentiert, daß Graf Engelbert I., offensichtlich Besitzer von Haus Keintorp, wie es damals hieß, den Hof den Zisterzienserinnen übertrug, damit sie aus seinen Einkünften ihre Bedürfnisse bestreiten konnten. Es handelte sich also anscheinend um ein Gut, das landwirtschaftliche Erträge einbrachte. Nachdem jedoch 1293 der Bau eines neuen Klosters vollendet und seine Kirche eingeweiht worden war, siedelten die Nonnen 1295 um. Nach der Säkularisation 1803 diente das Kloster noch einige Jahre als Taubstummenanstalt, 1821 wurde es niedergerissen. Der Besitzer, Graf von Borsterhausen, veranstaltete beim Abbruch ein „großes Aufräumen", wie 1936 der Westfälische Kurier schrieb, „indem man sämtliche alten Papiere, die sich noch in Menge auf dem Boden des Klosters fanden, im Hofe zu einem Scheiterhaufen zusammenwarf und einfach verbrannte." So gingen über 500 Jahre Geschichte in Flammen auf. Auf dem Gelände des ehemaligen Klosters wurde dann ein neues Wohnhaus erbaut – das heutige Haus Kentrop. Umgeben von einem Park, in dem man immer noch uralte und vor allem seltene Bäume findet, liegt es ein wenig abgeschieden an einem Ausläufer der Ahse.

Oberwerries wird 1284 erstmals als Lehen des Grafen von Limburg im Besitz des Engelbert von Herbern genannt. Wahrscheinlich gab es bereits im 14. Jahrhundert daneben lippeabwärts gelegen Haus Niederwerries. 1677 vereinigte die Familie von Beverförde die beiden Besitzungen in einer Hand. Schon zehn Jahre zuvor war mit dem Neubau der Schloßanlage begonnen worden, der dann unter der Witwe Ida von Plettenberg vollendet wurde. Baumeister war der Kapuzinerpater Ambrosius von Oelde. Zwischen 1685 und 1692 entstand die wuchtige Schloßanlage aus massivem Backstein, die sich noch heute malerisch im Wasser der Burggräben spiegelt. Mehr Aufsehen als das Schloß selbst erregte allerdings damals der Enkel der Eigentümerin, der preußische Kammerherr Friedrich Christian von Beverförde. Sein lebens- und kriegslustiges Verhalten – unter anderem tötete er in einem Duell 1733 den Deutschordensritter Johann Baptist von Roll – brachte ihm den Spitznamen „der tolle Werries" ein. Trotz aller Eskapaden sorgte er dafür, daß Baumeister Johann Conrad Schlaun auf der Vorburg einen langgestreckten Marstall errichtete. Als letzter Nachkomme der Familie starb er 1768 auf Schloß Oberwerries. Nachdem es jahrelang unbewohnt war und zu verfallen drohte, erwarb es 1942 die Stadt Hamm, die zehn Jahre später eine Instandsetzung vornahm und es auch noch in den sechziger und siebziger Jahren in mehreren Etappen restaurierte. Heute ist es Begegnungsstätte und „gute Stube" der Stadt.

Haus Reck verdankt seinen Namen einer Familie, die hier erst lange nach dem eigentlichen Bau ansässig war. Ursprünglich hieß das Haus „Zur Heide" und gehörte im 14. Jahrhundert dem Kamener Burgmann Dietrich von der Recke. Einer seiner Nachfahren wurde 1623 in den Reichsfreiherrenstand erhoben, und 1709 avancierte das Haus mit drei weiteren Gütern und fünf Dörfern zur Herrlichkeit und war nicht mehr Bestandteil des Amtes Kamen. Erst 1787 mußte sich die Familie von der Recke von ihrem alten Rittersitz trennen. Das heutige Erscheinungsbild von Haus Reck bestimmt ein elfseitiger, dreigeschossiger Wehrturm, der 1554 erbaut wurde. Daran schließt sich über sechs Bögen ein Wehrgang an. Das Herrenhaus selbst trug ursprünglich Volutengiebel und wurde wahrscheinlich 1725 erbaut. Die heutigen Treppengiebel verfälschen daher das eigentliche historische Bild. Haus Reck vermittelt aber – und dies trotz teilweise zugeschütteter Gräften – immer noch den Eindruck einer wehrhaften Wasseranlage aus Vorburg und Hauptburg.

Zwar werden bereits zu Beginn des 14. Jahrhunderts Angehörige einer Familie von Uentrop genannt, doch zu dieser Zeit soll das Haus Besitz eines Dietrich von Grimberg gewesen sein. 1393 wird es als märkisches Lehen genannt, als es Hermann van der Recke erhielt. 1677 wurde Johann van der Recke in den Reichsfreiherrnstand erhoben. Seine Witwe ließ von 1713 bis 1720 im Stil der Zeit das heutige Haus an der Lippe erbauen. Das elf Fensterachsen lange Haus ist schlicht gehalten. Die lange Fassade wird lediglich durch eine schöne Freitreppe aufgelockert, die zu dem Portal in den Mittelrisalit führt, der in der Dachzone einen Zwerchgiebel bildet. Haus Uentrop, wo die Familie von der Recke nun seit fast 600 Jahren nachzuweisen ist, ist der einzige Rittersitz des alten märkischen Amtes Hamm, der heute noch von dem aufsitzenden Adelsgeschlecht bewohnt und bewirtschaftet wird.

Schloß Ringenberg gehört zu den wenigen gut erhaltenen Rundlingssiedlungen im Ruhrgebiet. Die erste Burg wurde Anfang des 13. Jahrhunderts vom Freigrafen von Sueder gegründet und wurde 1247 Lehen des Erzbischofs von Köln, später des Bischofs von Münster. Als sie in der zweiten Hälfte des 13. Jahrhunderts an den Grafen von Kleve fiel, ließ er sie unter der tatkräftigen Mithilfe seiner holländischen Nachbarn zu einer Burgsiedlung ausbauen. Der runde Grundriß wird heute noch von einer Baumreihe markiert. Die Burg selbst überdauerte den Dreißigjährigen Krieg nicht und wurde von Alexander von Spaen in ihrer heutigen, rechteckigen Form neu errichtet. Auch nach dem Zweiten Weltkrieg waren die Schäden so groß, daß umfangreiche Restaurationsarbeiten nötig waren. Der ehemalige Stil der niederländischen Herrenhäuser wurde jedoch beibehalten. Schloß Ringenberg ist im Besitz der Stadt Hamminkeln, die es an die Derik-Baegert-Gesellschaft zur Förderung zeitgenössischer Kunst verpachtet hat. Nach einer umfangreichen Renovierung, die 1994 abgeschlossen wurde, sind darin nun zehn Atelier-Wohnungen entstanden, die an Stipendiaten vergeben werden. Wechselnde Kunstausstellungen sollen 1995 beginnen.

Die Ursprünge von Burg Blankenstein, östlich von Hattingen auf einem 80 Meter hohen Steilhang über der Ruhr („auf dem blanken Steine") erbaut, gehen auf das Jahr 1226 zurück. Die Anlage wurde aus den Steinen der in jenem Jahr zerstörten, nahegelegenen Isenburg (vgl. dort) errichtet. Burg Blankenstein zählte noch 1425 zu den vier Hauptfestungen der Grafschaft Mark, verfiel jedoch im 15. und 16. Jahrhundert und wurde bald nach Ende des Dreißigjährigen Krieges um 1662 abgebrochen. Neben einigen Mauerresten blieb nur der viereckige Hauptturm erhalten, der bis in die Neuzeit hinein als Wohnturm genutzt wurde. Im 19. Jahrhundert war im wiederaufgebauten Marstall eine Fabrik zum Färben von Garnen eingerichtet. Seit der Jahrhundertwende hat sich die Anlage zum beliebten Ausflugsziel entwickelt. Unterhalb des Restaurants gibt es noch einen alten Irrgarten. Nach der jüngsten Renovierung (1971) ist der Turm wieder zu besteigen. Aus 30 Metern Höhe hat man einen herrlichen Rundblick über die reizvolle Landschaft des mittleren Ruhrtals. Die Fachwerksiedlung im Schatten der Burg gehört enbenso wie das Dorf Westerholt zu den besonders geschützten historischen Ortskernen des Ruhrgebietes.

Auf dem 200 Meter hohen Isenberg, der seinen Namen nach Eisensteinvorkommen erhielt, hoch über dem südlichen Ruhrufer, steht die Burgruine Isenberg (Isenburg). Graf Arnold von Altena ließ hier an strategisch günstiger Stelle zwischen 1194 und 1199 eine weiträumige Anlage erbauen, die eine Längsausdehnung von 240 Metern hatte; sie war die größte und wehrhafteste weit und breit. Gleichwohl bestand sie nur ein Vierteljahrhundert. Nachdem ihr Burgherr, Graf Friedrich von Isenberg, 1225 den Kölner Erzbischof ermordet hatte und für diese Tat ein Jahr später hingerichtet worden war, übten Kölner Vasallen Vergeltung, indem sie die Isenburg in Schutt und Asche legten. Noch heute zeugen die nie wieder aufgebauten Reste von der Größe der früheren Burganlage, die aus einer Unter- und einer Oberburg bestand. In der Unterburg befanden sich die Wirtschafts- und Vorratsgebäude sowie ein Wohnturm. Die Oberburg mit Palas, Kapelle, Bergfried, Burgschmiede und Verlies war für den Fall einer Belagerung besonders gesichert. Seit 1970 werden auf der Isenburg systematische Ausgrabungen betrieben und kontinuierlich Rekonstruktions- und Restaurationsarbeiten durchgeführt. Das Fundmaterial, u. a. Keramik, Waffen und Gebrauchsgegenstände, ist im Hattinger Heimatmuseum „Bügeleisenhaus" zu besichtigen.

An der mächtigen Wasserburg Kemnade wurde rund 100 Jahre lang gebaut. Nach einem Brand (1589) entstand sie in der Zeit zwischen 1602 und 1704 an der Stelle der alten Burganlage aus dem 12. Jahrhundert. Herren auf Haus Kemnade waren nacheinander die Familien von Romberg, von der Recke und von Syberg. 1921 erwarb die Stadt Bochum das schöne Renaissancebauwerk vom letzten Eigentümer, dem Königlichen Kammerherrn Ludwig von Berswordt-Wallrabe. Viele prächtige Teile der alten Innenausstattung sind noch erhalten, so die bemalten, stuckverzierten Balkendecken, die Treppe in der ehemaligen Herrschaftswohnung sowie zwei mit allegorischen Themen bedeckte repräsentative Kamine aus dem 15. und 16. Jahrhundert. Seit 1961 gibt es in Haus Kemnade ein lokalgeschichtliches Museum mit einer ansehnlichen Musikinstrumentensammlung. Teil des Museums ist auch die ehemalige Meierei des Dorfes Stiepel, die östlich von Haus Kemnade, unweit der Gräfte, steht. Das Bauwerk, ein 1800 errichtetes Vierständerfachwerkhaus, wurde nach Demontage an seinem ursprünglichen Standort hier originalgetreu wiederaufgebaut. Es zeigt im Inneren bäuerliches Gerät und Möbel aus Westfalen.

Haus Ende, eine ruhrgebietstypische Unternehmervilla, wurde 1912/13 von den Architekten Bachmann und Pinno aus Dortmund für den Geheimen Kommerzienrat Robert Müser errichtet. Eingebunden in einen wunderschönen Park entstand ein schloßartiges Haupthaus mit Terrasse und einigen Nebengebäuden. Robert Müser, einer der großen Unternehmergestalten des Reviers, war Generaldirektor der Harpener Bergwerke AG, 1906 mit 41 Schachtanlagen das zweitgrößte Bergbauunternehmen des Kontinents. Nach einem Besuch in Haus Brünninghausen in Dortmund soll sich Müser entschlossen haben, eine seinem Stand entsprechende Villa im Süden von Dortmund zu errichten. Ähnlich wie es Alfred Krupp beim Bau der Villa Hügel in Essen getan hatte, kümmerte sich auch Robert Müser in der Entstehungsphase von Haus Ende sehr intensiv um die einzelnen Gestaltungselemente, was dazu führte, daß vielerlei Eindrücke, die er auf zahllosen Auslandsreisen gewonnen hatte, in die Architektur des Hauses einflossen. So entstand eine „höchst eigenwillige Synthese aus amerikanischem Landsitz und französischem Schloßbau des Barock mit mannigfachen Jugendstilelementen". Haus Ende, das heute als Zivildienstschule genutzt wird, dokumentiert in imponierender Weise den sozialen Status eines Großindustriellen zu Beginn des 20. Jahrhunderts.

Haus Mallinckrodt entstand nach 1324 zunächst als Wehrgut auf dem Lehnsgut der Herren von Volmarstein, später der Grafen von der Mark. Die Burg erlebte eine wechselvolle Geschichte, wurde dreimal durch Kriege oder Brände zerstört und wiederaufgebaut, bevor 1620 eine Anlage entstand, von der das Westgebäude bis heute überdauert hat. Das 1825 auf der alten Bausubstanz errichtete einfache Herrenhaus ließ der Bankdirektor Jordan um die Jahrhundertwende abreißen und an seiner Stelle 1903 das heutige Schloß im Stile der flämischen Gotik mit Schloßhof und massiven Wirtschaftsgebäuden erbauen.

Seit dem 9. Jahrhundert wird auf Gut Schede Landwirtschaft betrieben. Obwohl wiederholt von Adeligen bewohnt, ist es niemals Rittergut gewesen. Die heutige Bausubstanz, im wesentlichen zwischen dem 17. und dem 20. Jahrhundert gewachsen, stellt ein bedeutendes, denkmalgeschütztes Beispiel älterer Gutshofanlagen dar. 1748/53 gelangte das Anwesen an die für die Geschichte der Ruhrindustrie so bedeutende Familie Harkort, deren Nachkommen es heute noch besitzen. 1806 bis 1810 entstand das zweigeschossige Herrenhaus im Renaissancestil. Hermann Harkort (1875–1911) ließ zu Beginn des 20. Jahrhunderts das Innere durch mehrere namhafte Künstler ausgestalten. So entwarf beispielsweise der berühmte belgische Architekt Henry van de Velde zwei Zimmer und die geschwungene Innentreppe im Jugendstil. Maßgebliche Gestaltungselemente (bis hin zu Türklinken und Einbauten) lieferte auch der damalige Leiter der Düsseldorfer Kunstschule Peter Behrens. Umgeben ist Gut Schede von einem 1860/70 angelegten Landschaftsgarten, in dem sich zahlreiche seltene und exotische Bäume befinden.

Im Innenhof des Schlosses Strünkede lenkt ein prächtiges Jugendstiltor die Blicke auf sich. Heinrich Füssmann hat es für die Pariser Weltausstellung von 1900 entworfen. Neben zahlreichen floralen Motiven zeigt es auf jedem Flügel den Kampf des Drachen mit der Schlange.

Die Burg Strünkede wird bereits 1263 genannt, als sie von dem Ritter Gerlach von Strünkede dem Grafen von Kleve zu Lehen aufgetragen wurde. Bis in das 18. Jahrhundert blieb das feste Haus klevisches Lehen und im Besitz der genannten Familie. Erst nach 1741 wird eine Familie von Forell Eigentümer der Burg, die seit 1947 der Stadt Herne gehört. Ältester Teil der heutigen Anlage ist die Schloßkapelle in der Vorburg, die noch aus dem 15. Jahrhundert stammt und Hernes ältestes Baudenkmal ist. Das Haupthaus, ein zweigeschossiger, quadratischer Wohnturm, datiert aus der Zeit um 1500, das Dachgeschoß wurde jedoch im 19. Jahrhundert verändert. Den Zugang zum Hauptschloß bildet ein barocker Torbau mit Risalit von 1664. Seit 1938 beherbergt das Schloß das Emschertal-Museum. Aus den Privatsammlungen von Karl Brandt hervorgegangen – der Autodidakt war bis 1964 dann Direktor des Museums – ist es heute eines der größten Regionalmuseen des Ruhrgebietes. Zu sehen sind Stücke aus der Ur- und Frühgeschichte des Emschertales, eine umfangreiche Sammlung mittelalterlicher Waffen, Geräte von Bauern und Handwerkern, Möbel, Glas und Keramik. In einer Villa im Schloßpark ist die Städtische Galerie untergebracht (wechselnde Ausstellungen). Eine weitere Abteilung des Museums befindet sich in der ehemaligen Schule des Stadtteils „Unser Fritz“ in Wanne-Eickel. Hier sind u. a. eine komplette Drogerie aus der Zeit des Jugendstils und eine der größten Schmetterlingssammlungen des Ruhrgebietes (ca. 30.000 Stücke) zu bewundern.

Die Wehranlage am Fuße des Paschenberges wird erstmals 1376 urkundlich erwähnt. Sie lag auf der östlichen Insel, auf der sich heute die Hauptburg befindet. Den Herren von Herten und Galen folgte das weitverzweigte Geschlecht von Stecke, ehe die Burg 1529 durch Heirat in den Besitz des Bertram von Nesselrode kam. Er spielte als Erbkämmerer des Herzogtums Berg eine politisch bedeutsame Rolle. Nach den Plänen des Baumeisters Henri de Suer ließ er das Haus zu einem vierseitig geschlossenen Kastell mit drei Eckpavillon-Türmen, die heute noch erhalten sind, ausbauen. Aus dieser Zeit datieren auch die Wirtschaftsgebäude der Vorburg. Teile des Nord- und Westflügels wurden 1687 durch Brand vernichtet. Der Ostflügel mit dem großen Saal blieb verschont, die schönen Stuckdecken und perspektivischen Deckengemälde sind noch heute nach sorgfältiger Restaurierung zu bewundern. Obwohl beim Wiederaufbau, der sich bis 1702 hinzog, unter dem Einfluß des Barock Veränderungen vorgenommen wurden, vermittelt das Schloß mit seinen Rundtürmen und den Fialgiebeln einen Eindruck aus der Erbauungszeit und gilt als herausragendes Beispiel für die Architektur im Übergang von der Gotik zur Renaissance. Die Kapelle an der Nordseite der Vorburg, ein dreischiffiges Bauwerk der Spätgotik, wurde 1908 von Schloß Grimberg (Gelsenkirchen) nach Herten versetzt. Der Portalvorbau an der Giebelfront aus dem Jahre 1747 ist eine Zutat nach den Plänen von Johann Conrad Schlaun, dem berühmten Baumeister des westfälischen Barock. Auch das freistehende Torbogenfragment vor der Kapelle – es ist das ehemalige Eingangsportal über der Freitreppe von Schloß Grimberg – ist von Schlaun entworfen.

In Verbindung mit dem Schloßausbau 1650 wurden repräsentative Parkanlagen nach französischem Vorbild angelegt. 20 Federzeichnungen des wallonischen Malers R. Roidkin um 1730 geben wertvolle Hinweise auf das damalige Erscheinungsbild des Parkes. Im 2. Jahrzehnt des 19. Jahrhunderts erfolgte die Umwandlung im Sinne des landschaftlichen Gartenstils. Schöpfer war der bekannte Düsseldorfer Gartendirektor Maximilian Friedrich Weyhe (1775-1846). Der 30 Hektar große Park mit über 200 verschiedenen Baumarten hat überregionale Bedeutung. Berühmt ist die Narzissenwiese zwischen Schloß und Ruine der 1725 erbauten Orangerie. Mehr als eine halbe Million Narzissen, deren Zwiebeln vor über 100 Jahren gesetzt wurden, verwandeln im April die Wiese in ein gelbes Blütenmeer. Die Schloßkapelle aus dem 16. Jahrhundert stammt ursprünglich von Schloß Grimberg und wurde 1908 nach Herten versetzt. Das Grabmal im Innern erinnert an Heinrich Knipping (gest. 1578) und seine Gemahlin Sibilla geb. Nesselrode (gest. 1602). Das prächtige Hauptportal des Schlosses entstand nach dem schweren Brand von 1687 um 1700. 1974 wurden Schloß und Park vom Landschaftsverband Westfalen-Lippe erworben. Teile des 1981 nach langjähriger Restaurierung der Öffentlichkeit übergebenen Schlosses werden durch das Westfälische Zentrum für Psychiatrie genutzt.

In strahlendem Gelb präsentiert sich heute das als Golfhotel genutzte Schloß Westerholt. Der klassizistische Bau mit seiner Freitreppe – später durch den geschweiften Giebel stilfremd verändert – wurde nach Plänen des Essener Architekten Freyse 1833 erbaut. Der Vorgängerbau war 1830 bis auf die Grundmauern abgebrannt. Das Geschlecht derer von Westerholt findet erstmals in einer Urkunde Erwähnung, mit der 1193 einige Dienstmannen dem Stift Flaesheim ihr „freies Eigen zu Erkenschwick" übertrugen. Der Stammsitz der Grafen von Westerholt-Gysenberg stand seinerzeit auf drei Inseln. Als 1359 Wessel von Westerholt seinen Besitz als Offenhaus dem Erzstift Köln auftrug, erhielt er im Gegenzug die Gerichtsherrlichkeit über das benachbarte Dorf, das gleichzeitig zur „Freiheit" erhoben wurde. Von den ursprünglichen Gebäuden ist nichts erhalten. 1708 war die alte Burg so baufällig, daß sie abgerissen wurde. Gräflicher Wohnsitz ist heute das sogenannte „Vogelhaus", das Graf Wilhelm von Westerholt 1833 gleichzeitig mit dem Schloß-Neubau für seine berühmte Vogel-Sammlung errichten ließ. Die umfangreiche Sammlung des bekannten Ornithologen wurde 1866 für 66.000 Taler verkauft. Die alte Martinus-Pfarrkirche, 1310 erstmals urkundlich erwähnt, wurde 1907 von der kath. Kirchengemeinde an den Grafen von Westerholt zurückgegeben. Die baufällige Turmspitze wurde abgetragen, der Turm ist heute eine romantische Ruine. Die Kirche wurde 1994 restauriert. Unter ihrem Chor befindet sich eine Krypta, in der die Grafen von Westerholt beigesetzt werden. Das alte Dorf mit seinen guterhaltenen Fachwerkhäusern steht unter Denkmalschutz und ist ein beliebtes Ausflugsziel.

Die Geschichte des Hauses Opherdicke läßt sich bis in das 12. Jahrhundert zurückverfolgen. Johann Diederich von Steinen berichtete 1755 in seiner "Westphälischen Geschichte" von einer Inschrift über dem Portal des Herrenhauses. Sie belegt, daß "die Burg" im Jahr 1682 erneuert, wahrscheinlich sogar vergrößert wurde und zu diesem Zeitpunkt schon 500 Jahre stand. Für das Vorhandensein einer Burg sprechen auch die beiden Wehrtürme, von denen einer die Jahreszahl 1695, der andere die Zahl 1726 trägt, außerdem die Brückenanlage, die – heute rekonstruiert – immer noch einziger Zugang zum Herrenhaus ist. Haus Opherdicke ist seit 1980 im Besitz des Kreises Unna und wird von der Gemeinde Holzwickede als kulturelles Begegnungszentrum genutzt. Bei umfangreichen Umbauarbeiten wurden alte Materialien und Einrichtungsgegenstände soweit wie möglich erhalten bzw. wieder eingesetzt. So entstand ein atmosphärisch attraktives Bauwerk, in dem Ausstellungen zeitgenössischer Kunst, aber auch Musikveranstaltungen und private Feiern stattfinden.

Haus Esselt liegt am äußersten Nordzipfel der Gemeinde Hünxe im Ortsteil Drevenack. Über seine früheste Zeit ist wenig bekannt, doch läßt sich der Name wohl von der Issel ableiten, die in unmittelbarer Nähe vorüberfließt. Die erste urkundliche Datierung liegt erst aus dem Jahr 1482 vor, und auch das damalige Gemäuer bildet nur noch den Grundstein für das jetzige Haus, das aus dem 17. Jahrhundert stammt. Der schön gestaltete Ziegelbau hatte mehrere Besitzer, darunter die Freiherren von der Capellen und den Freiherrn von Wylich zu Diersfordt. 1958 wurde es von dem Maler und Grafiker Otto Pankok erworben. Als Pankok – nach 1933 als „entarteter Künstler" verfolgt – 1966 starb, hinterließ er ein bedeutendes Werk: über 5000 große Kohlebilder, mehr als 600 Holzschnitte und rund 550 Radierungen. Sein Alterswohnsitz in Haus Esselt beherbergt den größten Teil dieses Schatzes. Nach dem Tod von Pankoks Frau Hulda wird das Werk von Tochter Eva Pankok betreut. Das Wirtschaftsgebäude wurde zum Museum ausgebaut. Zu seiner Eröffnung 1968 wurde die Otto-Pankok-Gesellschaft gegründet, die dem Werk neue Freunde gewann und bei der Ordnung und Herausgabe des Nachlasses half. Pankoks Arbeiten sind in wechselnden Ausstellungen im Museum zu sehen.

Das Wasserschloß Gartrop gehört zu einer der schönsten niederrheinischen Anlagen des 17. Jahrhunderts. Planer und Erbauer war Albert Gisbert von Hüchtenbruck. Noch heute sind im Schloßarchiv Baupläne, Verträge und Kostenabrechnungen aus den Jahren 1653 bis 1660 zu sehen. Man vermutet, daß das Schloß auf den Grundmauern mittelalterlicher Vorbauten entstanden ist, denn bereits aus dem 14. Jahrhundert existieren Erwähnungen der Herren von Gardapen, von denen sich wohl der spätere Name Gartrop herleitet. Albert Gisbert von Hüchtenbruck starb 1665. Da sein Wappen über dem Portal die Zahl 1675 trägt, kann man davon ausgehen, daß sein Sohn Albert Georg den imposanten vierflügeligen Bau vollendete. Schon am Eingangstor fallen die beiden Pfeiler mit fast lebensgroßen Sandsteinfiguren ins Auge. Links findet man Athene, Göttin des Handwerks und der Künste, mit ihrem Symbol der Weisheit, der Eule. Rechts sitzt Concordia, die Göttin der Eintracht und des Friedens. Zum Schloß gehören neben dem Herrenhaus zwei Gartenhäuser, eine Wassermühle und die Kirche aus dem Jahr 1698, die 1836 mit neugotischen und maurischen Stilelementen umgestaltet wurde. Damals jedoch gehörte Schloß Gartrop bereits der Familie von Nagell, die es 1805 durch Heirat bekommen hatte. 1993 erwarb es ein Bottroper Unternehmer.

Haus und Burg zu Krudenburg werden als Lehen des Grafen von Kleve zuerst 1363 im Besitz des Rutger von dem Boetzelaer genannt. Ursprünglich schützte die Burg einen Übergang über die Lippe, deren Wasser nicht nur die Burg und Vorburg, sondern auch eine dazugehörige Burgsiedlung, „die Freyheit Krudenburg", schützte. Von der für das Klever Territorium wichtigen Burg blieb allein ein viereckiger, zweigeschossiger Wehrturm erhalten, der 1664 von Graf Alexander von Velen zu Raesfeld erbaut wurde. Der Rest der Burg war bereits 1826 so heruntergekommen, daß er wenig später niedergelegt wurde.

Am 31. Juli 1922 stellte die Bürgermeisterei Gahlen einen „Bauschein für die Freifrau von Nagell, Rittergutsbesitzerin in Gartrop" aus. Nach den Plänen des Architekten Cornelius Heckermann entstand nur rund zwei Kilometer von Schloß Gartrop unweit der Lippe ein Herrenhaus, das ebenso wie der nahegelegene Bauernhof den Namen „Lipperhof" trägt. Das schöne Anwesen wurde Wohnsitz der nächsten Verwandten, für die auf Gartrop der Platz zu eng geworden war. Später wechselte der Lipperhof mehrfach den Besitzer. Das Herrenhaus ist bis heute in Privatbesitz.

Inmitten von Alleen, Bäumen und Obstgärten versteckt sich Haus Schwarzenstein am Nordufer der Lippe, wo das 1429 erstmals genannte Haus für den Herzog von Kleve einen wichtigen Lippeübergang sicherte. Das hochaufragende Backsteinhaus mit verschachtelten Walmdächern wird von einem schlanken Turm überragt. Er trägt die Jahreszahl 1517. Am Turmeingang sind die Wappen der Familien Amelung und Mumm zu sehen, die sich mit vielen anderen im Laufe der Jahrhunderte in die Reihe der Besitzer eingliederten. Ein Halbmond dient auf der Turmspitze als Wetterfahne. Der Turm ist übrigens der einzige Gebäudeteil, der fast unverändert erhalten blieb, während das übrige Haus durch Kriegszerstörungen und Umbauten oft verändert wurde. Der Rheinisch-Westfälische Schleppjagdverein nutzt es heute als Sportzentrum.

Ein Hof Herro ist seit 1150 auf dem Gelände, auf dem heute Haus Heeren steht, bekannt. Seit 1302 kennt man es unter dem jetzigen Namen, als nämlich die Grafen von der Mark die Wasserburg errichteten. Für die Freiherren von Plettenberg, die im 17. Jahrhundert dort lebten, war sie sogar Anlaß, ihren Familiennamen zu ändern. Als stolze Burgbewohner nannten sie sich fortan Freiherren von Plettenberg-Heeren. Die Freude währte allerdings nicht sehr lange, denn schon wenige Jahre nach ihrem Einzug 1679 wurde die Burg komplett zerstört. Als Übeltäter kamen die Spanier oder die Hessen in Frage, genau weiß man es heute nicht mehr. Jedenfalls mußten die Freiherren von Plettenberg sich ein neues Herrenhaus bauen. Es stammt aus dem Jahr 1687. Unser Foto zeigt die Rückansicht des Hauses mit dem Bleistiftturm, der ebenso wie die steinerne Brücke vorn Ergebnis des Wiederaufbaus im 17. Jahrhundert ist. Der jetzige Besitzer, Jobst Henrich von Plettenberg-Heeren, lebt dort mit seiner Familie.

Dieprahm, das bedeutet „tiefer Sumpf". Und hier gründete wohl noch im 14. Jahrhundert eine Familie ihren festen Rittersitz, nach dem sie sich seit 1369 nannte. Im Mittelalter gehörte das Haus zum kurkölnischen Amt Rheinberg. Johann Arnold von Broichorst, Besitzer von Haus Dieprahm, ist für 1657 sogar als Amtmann des Amtes Rheinberg nachzuweisen. Nach verschiedenen Besitzerwechseln im 18. und 19. Jahrhundert kaufte die Zeche Friedrich Heinrich das Anwesen 1934. Heute liegt Haus Dieprahm nicht mehr mitten im Sumpf, sondern am Stadtrand von Kamp-Lintfort. Umgeben von den alten Bäumen einer ehemaligen Parkanlage, bietet das noch aus dem 17. Jahrhundert stammende, zweigeschossige Haus mit diagonal über Eck gestellten Türmen ein ungewöhnliches Bild am Rande der modernen Wohnsiedlung.

Haus Eyll in der Nähe des berühmten Kamper Abteiberges gehört eigentlich zu den Burgen, die es gar nicht mehr gibt. Bereits 1940 beklagte man lebhaft den „sichtbar zunehmenden Verfall" des Herrenhauses. Nach dem Zweiten Weltkrieg war hier zumindest noch die imposante Ruine des zweigeschossigen Backsteinbaus aus dem 17. Jahrhundert zu sehen; an seiner Stelle erhebt sich seit einigen Jahren ein Bungalow, nur von der Vorburg sind einige ältere Mauern erhalten. Das Haus trägt seinen Namen von der am Niederrhein weit verzweigten Familie von Eyll, die hier wohl schon im frühen 14. Jahrhundert Fuß gefaßt hatte. An Tillmann von Eyll erinnert heute noch die 1430 außerhalb der Burg errichtete Eyller Kapelle, in der ein prächtiger Grabstein des Ritters Friedrich von Pallant zu bewundern ist, der 1605 als Besitzer von Eyll hier starb.

Auch wenn heute nicht mehr viel alte Bausubstanz zu sehen ist, setzt Haus Frohnenbruch an der Grenze zum mächtigen Herzogtum Geldern einen wichtigen historischen Akzent in der niederrheinischen Landschaft. Bereits 1301 wurden hier ein hohes und ein niederes Gericht genannt, denen im 15. Jahrhundert der Burggraf von Haus Frohnenbruch als Richter vorsaß. Die Inhaber der 1304 ausdrücklich „Castrum", Burg, genannten Anlage zählten zur führenden Ritterschaft des Herzogtums Geldern, obwohl Frohnenbruch unabhängig war und im 17. Jahrhundert Reichsunmittelbarkeit erlangte. Von der alten Burg sind Reste im heutigen Bauernhaus erhalten. Zu ihr führte eine mit Ecktürmen bewehrte Tordurchfahrt, die heute, ohne Türme, als Schuppen dient.

Nahe der linksrheinischen A 57 liegt westlich der Stadt Rheinberg das Haus Heideck, das auch „Eyll in der Heide" genannt wird. Als kurkölnisches Lehen taucht es bereits 1307 auf. Zeitweilig wohnten hier illegitime Söhne des Grafen von Moers. 1481 ist hier die Familie von Eyll nachzuweisen, der das Haus seinen zweiten Namen verdankt. – Eine Krautpresse und eine Schnapsbrennerei sind seit 1773 überliefert. Von der bis 1948 betriebenen Brennerei zeugt noch heute der Schornstein bei dem ehemaligen Rittersitz.

Die drei zwiebelartigen Turmspitzen des Klosters Kamp sind schon von weitem zu erkennen. Auf einem Hügel der niederrheinischen Landschaft gelegen, war es 1123 das erste Zisterzienserkloster im deutschsprachigen Raum. Die jahrhundertealte Tradition des Ordens präsentiert heute das Ordensmuseum Abtei Kamp. Bildtafeln in den Ausstellungsräumen berichten vom Leben und Wirken der Menschen und von der Bedeutung des Klosters für Stadt und Region während seiner mittelalterlichen Blütezeit. In einem Stammbaum aus dem Jahre 1728 sind die Anzahl und Ausbreitung der Tochter- und Enkelklöster seit 1123 in ganz Europa anschaulich dargestellt. Die „Schatzkammer“ bewahrt kunstvolle Exponate: eine mit Gold- und Silbergarn bestickte Mitra aus dem 18. Jahrhundert sowie Pergament-Handschriften. Absoluter Stolz des Klosters ist ein Altarvorhang aus dem 14. Jahrhundert. Das „Kamper Antependium“, eine Seidenmalerei, die die Krönung Mariens darstellt, gilt als eines der wertvollsten erhaltenen Textilien in Europa. Die Säkularisation brachte 1802 den Niedergang des Klosters Kamp. Von den ursprünglichen Gemäuern sind nur noch Teile der Klosterkirche erhalten. In ihr wie auch in dem Rokokosaal finden heute klassische Konzerte statt. Außerdem trifft sich die Region alle zwei Jahre zum mittelalterlichen Markt im Klosterhof. Der Park, nach der Aufhebung des Klosters 1802 verwildert und verfallen, wurde in den 80er Jahren dieses Jahrhunderts für fast zehn Millionen Mark rekonstruiert.

Was heute noch auf dem Gelände des ehemaligen Oberfelde zu sehen ist, ist nichts als der alte „Spieker“, der Speicher. Um ihn ranken sich Geschichten und Legenden, wie immer, wenn Besitzer und Nutzung ein wenig geheimnisvoll sind. Den einen soll der Speicher einfach Taubenhaus, den anderen ein barockes Gartenhaus, ja sogar Lustschlößchen, gewesen sein. Bei der Geschichte von dem Gutsherrn, der hier seine Mätressen empfangen haben soll, ist auch immer von einem unterirdischen Gang die Rede. Der Spieker datiert aus dem 17. Jahrhundert und wurde, fast verfallen, 1967 renoviert und in seiner originalen Form wiederhergestellt. Der quadratische Fachwerkbau, in dem noch eine Bronzeglocke mit der Inschrift „Ave Maria 1613“ hängt, blieb als einziger Repräsentant des ganzen Anwesens übrig, nachdem das eigentliche Herrenhaus Oberfelde 1972 abgerissen wurde. Es hatte eine lange Tradition, die bis in das hohe Mittelalter zurückging, war sogar einmal in Gemeinschaftsbesitz mit Schloß Schwansbell und wurde, nachdem es 1821 von einem Brandstifter niedergebrannt wurde, originalgetreu wiedererrichtet. Bis 1972 nutzte es die Treuhandstelle für Bergmannswohnungen in Essen. Wegen Baufälligkeit wurde es dann abgerissen, so daß von Haus Oberfelde – neben dem Spieker – heute nichts mehr als einige Fotos vom Abriß im Lünener Stadtarchiv geblieben sind.

Schloß Schwansbell ist im eigentlichen Sinne kein Schloß, sondern eher eine repräsentative Villa, die 1872 bis 1875 vom damaligen Besitzer Wilhelm von Westerholt mit zwei achteckigen Türmen, entworfen von dem Dortmunder Baumeister Fritz Weber, erbaut wurde. Nur unwesentlich älter sind die Wirtschaftsgebäude von 1853. Tatsächlich stand hier, wo sich das heutige Haus erhebt, eine mittelalterliche Burg, die schon zur Zeit Karls des Großen, also im 9. Jahrhundert, existiert haben soll. Bekannt ist nur, daß ab 1187 und dann für fast 600 Jahre die Herren von Schwansbell ein lebhaftes Leben führten. Nicht nur, daß Frauen aus fast allen berühmten Geschlechtern der Region dort einheirateten, die Schwansbeller Ritter bewiesen auch, daß der gepflegte Streit mit dem Nachbarn keine Tat des 20. Jahrhunderts ist. Immer wieder waren sie in Kämpfe und Kriege verwickelt. 1388 brannten sogar die Dortmunder die Burg Schwansbell komplett nieder. Bemerkenswert ist in diesem Zusammenhang auch der Name des Schlosses. Urkundlich sind 1187 ein Herbord de Suanbule, 1238 Rutger Suanspole und 1243 Ritter Lubbert von Suansbollen vermerkt. 1399 ist ein Johann von Zwanesbolle Richter in Lünen. Der Sage nach soll das Schloß seinen Namen von den „swanken bollen“, also den stürmischen Beinen der Ritter haben, die sie schnellstens und zu jedem Kampf bereit auf die Pferde brachten.

Gewitterwolken über den neugotischen Zinnentürmen von Schwansbell. 1929 wurde das Gebäude von der Stadt Lünen gekauft, litt danach unter ständig wechselnden Nutzungen. Privatinitiative ist es zu verdanken, daß Schwansbell gerettet wurde. Ein Unternehmer kaufte das Schloß und ließ es 1981/82 wieder herrichten. Es wurde an die Bauverwaltung der Stadt Lünen vermietet. Das Wirtschaftsgebäude, ein langgestreckter Backsteinbau aus dem Jahr 1853, beherbergt seit der Restaurierung das städtische Museum und ein Restaurant.

Viel von der ursprünglichen Romantik, die Schloß Lauersfort neben den Alleen umgab, ging verloren, als hier in unmittelbarer Nachbarschaft die Autobahn A 57 gebaut wurde. Das 1351 zuerst genannte Haus gehörte zunächst einem Sweder von Friemersheim und war Offenhaus des Grafen von Kleve. 1440 übernahm es für mehrere Generationen die niederrheinische Familie von Eyll. Im Kern stammt das aus zwei Gebäuden bestehende Haupthaus noch aus dem 15. Jahrhundert. Wohl im 17. Jahrhundert traten die begleitenden Türme mit barocken Hauben hinzu. Der Vorbau mit Freitreppe und Portal folgte 1716, als das Herrenhaus im Stil der Spätrenaissance umgestaltet wurde. Um 1830 bekamen die Türme ihre laternenbekrönten Hauben, die sie noch heute tragen. Damals setzte sich der Klassizismus durch, nach dessen berühmtem Baumeister Schinkel sogar einer der Säle benannt wurde. Nachdem Haus Lauersfort lange Zeit leer stand und zu verfallen drohte, wurde es in den siebziger Jahren von einem Kaufmann erworben, der es restaurierte und als Wohnhaus für seine Familie und eine Reitschule nutzt.

Moers – der Name steht sowohl für die mittelalterliche Burg als auch für die Stadt, die sich im Schutze der Befestigungsanlage entwickelte. Die Burg war aber auch namengebend für ein Adelsgeschlecht, das sich zwischen und neben den großen Territorialherren, nämlich dem Erzbischof von Köln und den Grafen und Herzögen von Geldern und Kleve, zu behaupten wußte. Selbstherrlich nannten sie sich „Grafen" von Moers. Ihre Burgsiedlung ließen sie im Jahre 1300 durch König Albrecht zur Stadt erheben. Von der Burg blieb ein an einen Kreis angelehntes, mehrgeschossiges Haus mit Torturm erhalten. Die Form erinnert an den Ursprung des festen Hauses, an eine kreisrunde Turmhügelburg, Motte genannt, deren Baulichkeiten im späten Mittelalter die heutige Form erhielten. Das Moerser Schloß ist bekannt für sein Museum und die im Hof stattfindenden Konzerte. Der das Schloß umgebende Park, ein englischer Garten, wird begrenzt von der Befestigungsanlage des 17. Jahrhunderts, die zum Teil auch heute noch die Stadt umgibt. Die Stadt kaufte Schloß Moers im Jahr 1905. 1908 wurde das Grafschafter Museum eingerichtet, dessen Rittersaal auch für Vorträge und Konzerte genutzt wird. Er enthält zwei Wandteppiche aus der Zeit um 1700, bäuerliche und adelige Schränke und Truhen. Das Foto rechts unten zeigt Geräte, die im 17. und 18. Jahrhundert zum Kochen, Essen und Trinken gebraucht wurden: einen alten Ofen, Herdbesteck und metallenes Kochgeschirr.

Schloß Broich am linken Ruhrufer nahe der Mülheimer Innenstadt gehört zu den bedeutendsten erhaltenen mittelalterlichen Wehrbauten des Ruhrgebietes. Nach jüngeren Grabungen (1965 - 1969) wird seine Entstehungszeit aufgrund von Keramikfunden auf den Winter 883/884 datiert. Damals überwinterten normannische Truppen, die raubend und plündernd vom Rheindelta gekommen waren, im Duisburger Raum. Die von dem ostfränkischen Herzog Heinrich rasch errichtete Wehranlage an einer Furt durch die Ruhr wurde seinerzeit allerdings nicht in Kämpfe verwickelt. Nach dem Abzug der Normannen verlor Broich zunächst seine Bedeutung. Seit der Mitte des 11. Jahrhunderts wurde die Anlage, die im 12. Jahrhundert in kurkölnischen Besitz kam, wieder als Sperrfestung ausgebaut. Nach mehrfachen Zerstörungen (15. und 16. Jahrhundert) und Wiederaufbauten erhielt die Anlage ihr schloßartiges Aussehen zum Ende des Dreißigjährigen Krieges (1644 - 1648). Wesentliche Erweiterungen erfolgten im 17. und zum Ende des 18. Jahrhunderts. 1838 kaufte die Stadt Mülheim das Schloß und ließ es sorgfältig (zuletzt 1969 - 1975) restaurieren. Heute kann der Besucher an der Bausubstanz und anhand der im Heimatmuseum Schloß Broich ausgestellten Grabungsfunde mehr als 1100 Jahre Regionalgeschichte hautnah erleben. Darüber hinaus ist hier ein Teil der Mülheimer Volkshochschule untergebracht. Die Stadtverwaltung nutzt die historischen Räumlichkeiten außerdem zu Repräsentationszwecken.

Vermutlich zur Mitte des 13. Jahrhunderts besaßen die Grafen von Styrum ein als curtis (Hofgut) bezeichnetes Anwesen, das im Laufe der Jahrhunderte mehrfach erweitert und schließlich durch Graf Hermann Georg zu Limburg zur Mitte des 17. Jahrhunderts in ein barockes Repräsentationsschloß umgestaltet wurde. Das Schloß verfiel im 18. Jahrhundert unter den schwerverschuldeten Grafen von Styrum und kam 1775 an die Jesuitenmission. 1890 erwarb der Ruhrindustrielle August Thyssen die Anlage, die er im Stile der Zeit umbauen ließ; es entstanden Wohnungen für die Familien seiner Generaldirektoren. Als Schenkung der Firma Thyssen ging Schloß Styrum 1960 in das Eigentum der Stadt Mülheim über, und einmal mehr wurden die historischen Räumlichkeiten umgebaut. Aus dem ehemaligen Herrensitz wurde ein Begegnungszentrum, in dem seit 1992 eine Altentagesstätte und mehrere Künstlerateliers integriert sind. Konzerte, Lesungen und andere Kulturveranstaltungen sind Teil der neuen Nutzung.

Schloß Bloemersheim ist eine typische Grenzburg. Im Mittelalter lag sie zu einem Teil im Herzogtum Geldern, zum anderen Teil in der Grafschaft Moers. Die Grenze verlief durch die Burgküche! In den Urkunden wurde der „Bloemerts Hof" zuerst Anfang des 15. Jahrhunderts erwähnt. Seit 1802 ist die Burg im Besitz der Familie von der Leyen. Nach umfangreichen Umbauten im 17. und 18. Jahrhundert entstand als Wohnhaus die robuste, dreiflügelige Backsteinanlage mit zwei quadratischen Ecktürmen, die man Mitte des 19. Jahrhunderts im neugotischen Stil renovierte. Die Wirtschaftsgebäude hinter dem Wohntrakt stammen aus dem 18. Jahrhundert. Zum Schloß gehört ein großer Park mit altem Baumbestand, der jedoch nicht zugänglich ist.

Beinahe wäre Schloß Oberhausen gar nicht gebaut worden, denn dem Grafen Maximilian Friedrich von Westerholt-Gysenberg hätte als Wohnsitz eigentlich Schloß Westerholt zugestanden. Seine Familie aber verweigerte es ihm – weil die Ehefrau, die er sich ausgesucht hatte, ausgerechnet eine Bürgerliche und zudem noch uneheliche Tochter sein mußte. Mit dem Posthaus, das ihm gnädig überlassen wurde, mochte der Graf sich jedoch nicht abfinden. Und er hatte Glück. Denn aus seiner bürgerlichen Angetrauten wurde plötzlich die reiche Gräfin von Bretzenheim, da ihr Vater, der Düsseldorf-Mannheimer Kurfürst Karl Theodor, seine unehelichen Kinder, mußten sie schon mit der Schande leben, zu wohlhabenden Menschen absicherte. Die Mitgift der frischgebackenen Gräfin reichte für eine stattliche Villa – eben Schloß Oberhausen. Nach Plänen des Grafen selbst – sie sind heute im Landesmuseum Münster anzusehen – baute 1814 der bekannte Architekt der klassizistischen Epoche, August Reinking, eines der letzten bürgerlichen Schlösser des 19. Jahrhunderts. Der dreigeschossige Haupttrackt mit den beiden zweigeschossigen Seitenflügeln ist von einem schönen Park umgeben. Bis 1858 wurde das Schloß von der Familie des Grafen Maximilian bewohnt. Seit 1911 ist die Stadt Oberhausen Eigentümerin und brachte im Schloß das Stadtarchiv, die städtische Kunstgalerie und das Ludwig-Institut für Kunst der DDR unter. Nach einem Umbau soll das Schloß „Museum auf Zeit“ werden. Kunstwerke aus der Sammlung des Mäzens Peter Ludwig sollen dann zu großen Themenausstellungen zusammengeführt werden.

Von Burg Vondern ist weniger das eigentliche Haus, sondern mehr die ältere Vorburg bekannt, die völlig unromantisch eingekeilt zwischen der Autobahn 42 und einer Eisenbahnlinie liegt. Sicher bezeugt ist, daß die Burg an der Emscher, zu der auch eine Wassermühle gehörte, 1404 im Besitz der bekannten Familie van den Loe war und bis 1799 in den klevischen Lehnregistern geführt wurde. Seit 1941 gehört das Anwesen der Stadt Oberhausen. Beherrschendes Element der heutigen Burganlage ist das spätgotische Torhaus aus der Zeit um 1500 mit zwei rechts und links anschließenden, kurzen Verbindungstrakten, die zu zwei malerischen runden Ecktürmen aus derselben Zeit führen. Von der Vorburg durch einen heute kaum noch erkennbaren Graben getrennt, schließt sich nach Osten das eigentliche Herrenhaus an. Dem schlichten, rechteckigen Bau aus der Zeit um 1700 ist rechts und links im Erdgeschoß jeweils ein Erker vorgelagert. Durch die Initiative des Förderkreises Burg Vondern konnte 1984 eine Renovierung finanziert werden. Das Herrenhaus wird jetzt für kulturelle Veranstaltungen genutzt. In der Vorburg sind Ausstellungsräume, in denen unter anderem 1990 der deutsche Beitrag zur Expo '92 in Sevilla gezeigt wurde.

Als kurz nach 1700 der kurfürstliche Richter Clamor Ernst Münch die Engelsburg nach dem Vorbild münsterscher Adelshöfe erbauen ließ, nannte er sie noch „Bissinghus". Ihr Bau bedeutete für die Stadt Recklinghausen, die im 17. Jahrhundert sehr arm war, ein Zeichen für den wirtschaftlichen Wiederaufstieg. Sie war nicht nur Amtsitz des Richters Münch, sondern ein Jahrhundert später auch Heimat des Hofkammer- und Geheimrats Landschütz, der der herzoglich arembergischen Verwaltung vorstand. Er ergänzte den dreiflügeligen Bau mit seinem rundbogigen Eingangsportal, der reizvoll um einen Ehrenhof herum angelegt ist, um den Gartensaal, noch heute der Stolz des Hauses. Seine wunderschöne Stuckdecke ist nahezu unberührt erhalten geblieben, und über dem schwarzen Marmorkamin ist immer noch das Wappen der Herzöge mit den drei Mispelblüten zu bewundern. Die Engelsburg bietet heute Hotelgästen ein fürstliches Wohngefühl. Im Sommer gehört zum Restaurant auch ein Biergarten. Unser Foto zeigt den Stephansturm, den einzigen, der von den ehemals 16 Türmen der Stadt übrig blieb. Durch ein Reststück der Stadtmauer ist er mit der Engelsburg verbunden.

Nordöstlich von Rheinberg liegt in stiller Verborgenheit das Dörfchen Ossenberg mit dem gleichnamigen Schlosse und der dem hl. Antonius geweihten Kapelle." So ist es im Heimatkalender des Kreises Moers nachzulesen. Haus Ossenberg wird schon 1176 urkundlich erwähnt. Vom ersten Schloßbau ist wenig bekannt. Man kann nur annehmen, das er im nordöstlichen Teil der Anlage gelegen haben soll und einem Geschlecht gehörte, das ebenfalls den Namen Ossenberg trug. Die frühe Geschichte des Hauses liegt weitgehend im Dunkeln, da bei einem Fliegerangriff 1942 das Archiv des Hauses komplett vernichtet wurde. Durch Heirat der Tochter Margaretha von Ossenberg gelangte es 1375 in den Besitz von Arnold von Wervort. Er hatte unter dem Grafen von Moers bis 1583 das Amt des Drosten. Bis in die Gegenwart Eigentum verschiedener Privatbesitzer, wurde unter dem Grafen Truchseß von Waldburg um 1721 die jetzige Schloßanlage erbaut und einige Jahrzehnte später von Ludolf von der Rhoer ausgebaut. In diese Zeit fiel der Bau der Kapelle, da bis dahin für Gottesdienste nur ein Saal zur Verfügung stand. Der mit Stuckarbeiten und aufwendigen Malereien geschmückte Saal ist aber immer noch eine Sehenswürdigkeit. Seine Deckengemälde zeigen Symbole der vier Jahreszeiten, der vier Elemente und der (damals bekannten) vier Erdteile. Jetziger Besitzer des Schlosses ist der Herzog von Urach. Gerne erzählt man in Rheinberg noch die Episode vom Besuch der Gemahlin Napoleons I., Kaiserin Marie Louise, der 1811 großes Aufsehen erregte. Eine eigens für sie angefertigte Torte, eine Abbildung der Burg aus Zucker, entzückte sie so sehr, daß sie sie gleich einpacken und als Souvenir nach Paris schicken ließ.

Die alte Kellnerei ist seit langem das letzte Nebengebäude des Schlosses Rheinberg. Deshalb kennen die Rheinberger sie auch kaum noch unter dem Namen „Schloß". Um 1293 begann man mit dem Bau einer kurfürstlichen Burg und eines Zollturms. Sie diente dem kurkölnischen Amtmann als Amts- und Wohnsitz. Die Kellnerei kam 1573 hinzu. Schultheiß und Kellner zogen dort ein, nachdem sie unter der Leitung von Erzbischof Salentin erbaut worden war. Während der Belagerung Rheinbergs durch die Spanier im Oktober 1598 explodierte nach einem Beschuß unter Anführer Mendoza der Pulverturm. Die gewaltige Explosion zerstörte nicht nur das Schloß, das nie wieder aufgebaut wurde, sondern sogar die halbe Stadt. Erhalten blieb nur das Untergeschoß eines um 1300 aus Basalt errichteten Rundturms von 16,7 m Durchmesser. Die vier Meter starken Mauern gelten als Meisterwerk der Technik. Von der Kellnerei wurde glücklicherweise nur der östliche Teil beschädigt. Vermutlich aus diesem Grund haben zwischen 1627 und 1636 umfangreiche Umbauten stattgefunden. 1794 ging die Kellnerei in Privatbesitz über. Nach mehreren Familien war darin sogar von 1911 bis 1930 die höhere Mädchenschule St. Barbaragarten untergebracht. Am 1. August 1979 wurde die Stadt Eigentümerin und begann 1987 mit Restaurierungsarbeiten, um die alte Kellnerei wieder zu dem zu machen, was sie einmal war: ein öffentliches Gebäude. Die Arbeiten brachten interessante architektonische Erkenntnisse. So entdeckte man im Erdgeschoß farbige Holzbalkendecken und aufwendige Deckenmalereien aus dem 17. Jahrhundert. Am 11. September 1994 wurde die Kellnerei ihrer neuen Nutzung als Musikschule und Stadtarchiv übergeben.

Die Wasserburg Haus Ruhr am Zusammenfluß von Wannebach und Ruhr entstand zwischen dem 17. und dem 19. Jahrhundert auf den Resten einer mittelalterlichen Wehranlage. Das charaktervolle Anwesen stand jahrhundertelang mit der fast unverändert gebliebenen natürlichen Umgebung in harmonischem Einklang, bis die in nächster Nähe vorbeiführende Autobahn A 45 die Idylle zerriß. Das noch zu landwirtschaftlichen Zwecken genutzte Gut besteht heute aus einem dreiflügeligen Herrenhaus mit Eck- und Treppenturm, zu dem man durch ein Portal aus Bruch- und Ziegelsteinen gelangt. Am Herrenhaus und am Torhaus sind schöne alte Wappensteine erhalten.

Anstelle eines mittelalterlichen Vorläuferbaus wurden die noch erhaltenen Bauteile von Haus Rutenborn im 17. und 18. Jahrhundert errichtet. Das zweigeschossige Herrenhaus datiert von 1719; es hat auf der Rückseite einen schönen Erker. Die dreiflügelige Vorburganlage ist älter als das Herrenhaus; sie stammt vermutlich aus dem 17. Jahrhundert. Am Mühlenstrang, einem von der Ruhr gespeisten und in diese wieder zurückfließenden Bach, liegt noch die zu Haus Rutenborn gehörige alte Mühle.

Seit 1070, der ersten urkundlichen Erwähnung, bis ins 16. Jahrhundert erscheint Villigst in der Namensform Vilgeste. Die heutige Anlage hat mindestens drei Vorläuferbauten. Für das Jahr 1298 wird von einer Burg, 1390 von einem „Nyehus to Velliste" berichtet. Eine bildliche Darstellung von 1722 zeigt eine geschlossene Vierflügelanlage, deren Gräfte von der Ruhr gespeist wird. Haus Villigst war jahrhundertelang klevisch-märkisches Lehen, bis es 1749 an die Familie Elverfeldt-Herbede kam. 1819 beauftragte Ludwig von Elverfeldt den damals in Elberfeld ansässigen Baumeister Engelbert Kleinhanz mit der Errichtung eines neuen repräsentativen Herrensitzes. So entstand zwischen 1819 und 1831 auf dem relativ beengten Raum zwischen Ruhr und den benachbarten Hügeln die bis heute erhaltene symmetrische, klassizistische Anlage mit schloßartigem Charakter. Noch immer umrahmt alter Baumbestand das Anwesen und verleiht ihm trotz der nahegelegenen Durchgangsstraße einen Akzent von Ruhe. Die gediegenen, keineswegs aber üppig ausgestatteten Räume im Inneren von Haus Villigst, das zu Beginn des 20. Jahrhunderts an den Freiherrn von Gemmingen überging, dienen seit 1948 als Tagungszentrum der Evangelischen Kirche von Westfalen.

Die Ereignisse auf Schloß Cappenberg sind nicht nur in die Geschichte eingegangen, sondern zum Stolz der Einheimischen auch in die deutsche Literatur. In einer traurigen Ballade hielt die Münsteraner Dichterin Annette von Droste-Hülshoff fest, was sich vor rund 850 Jahren zugetragen haben soll. Im Jahre 1122 nämlich stifteten die beiden Brüder Otto und Gottfried Grafen von Cappenberg ihre Burg den Prämonstratensern, damit der Gründer des Ordens, der heilige Norbert, sie zu einem Kloster mache. Selig machten sie damit nur den Mönch, nicht aber Friedrich von Arnsberg, der sich wohl zu jener Zeit den Beinamen „der Streitbare" verdiente. Dessen Erbtochter Jutta nämlich war mit Gottfried von Cappenberg verlobt – und der „Streitbare" machte sich berechtigte Hoffnungen, seine Macht ins Münsterland ausdehnen zu können. Bis eben der Schwiegersohn das Erbe einfach verschenkte. Brutal nahm Friedrich den Mönch gefangen und veranstaltete ein großes Fest, auf dem er dem Schwiegersohn den rechten Weg weisen wollte. Soweit die Ballade. In der Realität traten schließlich beide Brüder dem Orden bei. Unser Foto entstand auf der großen Südterrasse im ersten Stockwerk des mächtigen Schloßbauwerkes.

Das schöne Pfarrhaus neben der Stiftskirche von Schloß Cappenberg (St. Johannes Evangelist) und die gelben Torhäuser komplettieren zusammen mit Scheune, Remise und Wasserturm die Schloßanlage. 1985 mietete der Landschaftsverband Westfalen-Lippe gemeinsam mit dem Kreis Unna die freien Räume im Schloß an und baute sie zu einer Ausstellungsstätte aus. Seitdem sind hier – u. a. in Zusammenarbeit mit der Stiftung Preußischer Kulturbesitz – Ausstellungen mit wechselnden Themenschwerpunkten zu sehen. Im Westflügel der Anlage befindet sich das bedeutende Archiv des preußischen Staatsministers Freiherr vom Stein, der von 1824 bis zu seinem Tod 1831 im Schloß Cappenberg wohnte und neben seinem eigenen Nachlaß auch den Urkundenbestand des „Stiftsarchivs" hinterließ. Sehenswert ist vor allem die ehemalige Stiftskirche, bei dessen Bau im 12. Jahrhundert die beiden Cappenberger Brüder noch selbst mit Hand anlegten. Aufbewahrt wird darin auch der Portraitkopf von Kaiser Friedrich I. Barbarossa aus vergoldeter Bronze. Er datiert aus der Zeit um 1160.

Unna, das 1278 städtische Freiheiten erhielt, war im Mittelalter Sitz eines Amtmannes, des Grafen Engelbert von der Mark. Zur Ausübung seiner Aufgabe und seiner Macht diente ihm die Burg, die im Zusammenhang mit der Stadtmauer Teil des Verteidigungsringes der Stadt Unna war. Gut gesichterte Burgtore und der Wassergraben vervollkommneten den Schutz. Das heutige zweigeschossige Gebäude mit anschließendem Rundturm wurde durch zahlreiche Umbauten im 19. Jahrhundert seines ursprünglichen Charakters weitgehend beraubt. Seit 1936 beherbergt der 1929 von der Stadt gekaufte Bau das Hellweg-Museum. Darin ist die umfangreiche Geschichte der ehemaligen Hansestadt chronologisch und thematisch dokumentiert.

Über die Frühgeschichte des Hauses Westhemmerde ist nicht viel mehr bekannt, als daß es einem westfälischen Rittergeschlecht gehört haben soll: Der Name der Adelsfamilie von Plater taucht zuerst 1135 in den Urkunden auf. Bemerkenswert ist, daß es bis ins zwanzigste Jahrhundert immer in derselben Linie vererbt wurde. Genaueres über Besitz und Besitzer weiß man erst ab dem 16. Jahrhundert. Damals erbaute der Ritter von Broel zunächst ein zweigeschossiges Gebäude, dem einige Jahre später der quadratische Treppenturm hinzugefügt wurde. Zu Anfang des 18. Jahrhunderts kamen der Südflügel und ein polygonaler Eckturm, ein weiteres Jahrhundert später die Staffelgiebel dazu. Als der letzte Erbe der Eigentümer, inzwischen die Familie Romberg, nach Kanada auswanderte, veräußerte er Haus Westhemmerde an den Talsperrenverband, der es wiederum als Gutshof an Bauern verpachtete.

Regelrecht im Schatten des weithin sichtbaren Steinkohlekraftwerks Voerde versteckt sich in einem schönen Park das Haus Wohnung. Bereits am Ende des 14. Jahrhunderts war es ein Lehen des Grafen von Kleve und bildete für ihn einen wichtigen Stützpunkt auf dem Weg zur Stadt Duisburg. Noch im gleichen Jahrhundert kam das Haus durch Erbschaft an die Familie von der Capellen, 1591 durch Heirat an Johann von Doornick, dessen Nachfahren rund hundert Jahre später das Herrenhaus zu einem barocken Schlößchen umbauten und im südlichen Teil des Parks einen „Lustgarten" anlegten. Nachdem es zeitweilig der Firma Thyssen gehörte, ist es heute im Besitz der Bergwerksgesellschaft Walsum. Nach schweren Beschädigungen im Zweiten Weltkrieg wurde 1957 ein Teil des Herrenhauses abgerissen und der instandgesetzte Rest zu Tagungs- und Repräsentationszwecken genutzt. Eine kleine Berühmtheit ist die gut erhaltene Kornmühle, um die sich zahlreiche Geschichten ranken, denn sie stammt schon aus dem 15. Jahrhundert und bildete einen willkommenen Anlaß für Streitereien unter den Müllern der Umgebung. Seit 1994 ist sie – zumindest zeitweilig – wieder in Betrieb und mahlt das Korn für die nebenan eingerichtete Backstube. Der Name „Haus Wohnung" stammt übrigens aus der Entstehungszeit des Hauses, als im deutschen Sprachraum mittelhochdeutsch gesprochen wurde. Damals meinte der Begriff „wonunge" so etwas wie „Umgebung" oder „Aufenthalt".

Die Voerder nennen es aus Tradition nicht „Schloß" oder „Burg", sondern einfach „Haus Voerde". Damit lehnen sie sich an die Bezeichnungen in den alten Urkunden an, in denen ebenfalls nur von einem „Hof zu Voerde" oder „Gut zu Voerde" die Rede war. Das Haus gehörte zu den Liegenschaften des 778 gegründeten Klosters Werden. Die Abtei, erste nachweisbare Eigentümerin, hat es vermutlich als Stiftung erhalten. Ebenso unbekannt wie die frühen Eigentümer ist die Baugeschichte des Hauses. So kann man nur vermuten, daß das heutige, zweigeschossige Haus durch eine Vielzahl von Baustufen und Umbauten entstanden ist. Der Ostturm trägt die Jahreszahl 1668, ist in diesem Jahr aber wohl nur erneuert worden. Den früher ebenfalls vorhandenen Westturm gibt es heute nicht mehr. Zu Beginn des 19. Jahrhunderts entstand die Treppe zur Empfangshalle, und Haus Voerde wird den Zustand erhalten haben, wie ihn der Besucher nach Restaurierung in den 60er Jahren vorfindet, nämlich als zweistöckiges Gebäude in verputztem und weißgeschlämmtem Backstein. Nach vielen verschiedenen Besitzern im Laufe der Jahrhunderte gehört es jetzt der Gemeinde Voerde, die es 1992 durch den Essener Architekten Alfred Pegels wieder herrichten ließ. Das Standesamt und die daneben liegenden Säle bieten die passende Kulisse für romantische Hochzeitsfeiern.

Zu den bedeutendsten Burganlagen im ehemaligen Herzogtum Kleve gehört zweifellos Schloß Diersfordt. Wohl im 14. Jahrhundert gegründet, wird es 1407 erstmals als klevisches Lehen genannt. Zu der Burg gehörten eine Vorburg, eine Mühle, ein Obstgarten, Heuwiesen und ein Gericht. Bis 1831 bewohnte das Haus die Familie von Wylich, die unter den Herzögen von Kleve eine ebenso wichtige Rolle spielte wie später unter den preußischen Kurfürsten und Königen. Anschließend ging es in den Besitz der Grafen zu Stolberg-Wernigerode über. Das Schloßarchiv mit seinen über 1900 Urkunden legt davon Zeugnis ab. Das Herrenhaus stammt aus dem Jahr 1928/29 und wurde 1966 neu aufgebaut, nachdem es im Zweiten Weltkrieg zerstört worden war. Da im Laufe der letzten Jahrzehnte der Grundwasserspiegel in der Region stark gesunken ist, waren die Wassergräben seit langer Zeit „trockengefallen". Dem Schloß drohte ein „venezianisches Schicksal", denn die Pfähle, auf denen es erbaut ist, wurden spröde und drohten einzustürzen. Im Jahr 1994 hob man im Rahmen einer umfassenden Sanierung die Gräben neu aus, verdichtete sie und füllte sie wieder mit Wasser. Schloß Diersfordt ist immer noch im Besitz des Grafen Siegfried zu Stolberg-Wernigerode, steht allerdings leer und ist nicht zu besichtigen. Genutzt wird lediglich die Schloßkapelle von 1775/76, in der die Evangelische Kirche regelmäßig Gottesdienste, vor allem aber Hochzeiten und Taufen abhält.

Über die Ursprünge des ehemaligen Rittersitzes Haus Hove ist nichts überliefert. Erste urkundliche Nachrichten stammen aus dem Jahre 1452, als die Herren von Hoete hier als Lehnsherren der Grafen von der Mark residierten. Dieses Geschlecht besaß das Gut bis zum Jahre 1725. Von nun an wechselten die Besitzer in relativ rascher Folge. Herrensitz und Park wurden 1754 und 1898 völlig erneuert. Der heutige Zustand geht auf einen Wiederaufbau von 1921 zurück. Teile der Bausubstanz von 1754 sind noch im klassizistischen Herrenhaus vorhanden. Der Rundturm aus Bruchsteinmauerwerk stammt von 1616. 1820 entspann sich auf Haus Hove ein Freundschafts- und Liebesverhältnis, das in mancher Beziehung an die Liebe Goethes zu Frau von Stein erinnert. In jenem Jahr verbrachte August Heinrich Hoffmann von Fallersleben, der Dichter der deutschen Nationalhymne, einige Tage seiner Ferien im Ruhrtal bei Wetter. Eines Nachmittags traf er auf Haus Hove die Schloßherrin, Henriette von Schwachtenberg, an die er augenblicklich sein Herz verlor. Die schwärmerische Liebe dauerte einige Jahre an, bis Henriette schließlich 1826 den späteren Landrat des Kreises Hagen, Gustav Voerster, heiratete. Doch das freundschaftliche Verhältnis zwischen dem Dichter und der Edelfrau überdauerte die Zeit bis zu deren Tod 1845.

Die am linken Ruhrufer, Alt-Wetter gegenüberliegende Burgruine Volmarstein war um 1100 als Vorposten der Kölner Erzbischöfe erbaut worden, wurde aber 1288 und 1324 von den Grafen von der Mark erobert und zerstört. Die später noch einmal befestigte Burg verfiel während des 15. Jahrhunderts. Heute stehen auf der Bergkuppe noch die Ruinen dreier Türme. Von hier aus hat der Besucher einen herrlichen Blick über das Ruhrtal ins Ardeygebirge. Gleichzeitig darf er sich daran erinnern, daß er der Sage nach über einem vergrabenen Goldschatz steht, den man allerdings nur unter strengstem Stillschweigen zur Mitternacht vielleicht heben kann.

Auf einem Steilhang westlich über dem Harkortsee liegt mitten im Wohngebiet von Alt-Wetter die Burgruine Wetter, von der nur noch der 26 Meter hohe Rest des früheren Bergfrieds und einige Mauerstücke erhalten sind. Burg Wetter wurde 1250 von den märkischen Landesherren erbaut und diente als Bollwerk gegen die kurkölnische Burg Volmarstein am gegenüberliegenden Ruhrufer. Im Laufe der Jahrhunderte entstand um die Burganlage die „Freiheit" Wetter. Im 18. Jahrhundert verfielen die schon lange nicht mehr ihrem ursprünglichen Zweck dienenden Burggebäude zusehends. 1819 errichtete einer der bedeutendsten Industriepioniere des Ruhrgebietes, Friedrich Harkort, auf dem ehemaligen Burggelände seine „Mechanischen Werkstätten", die Vorläufer des späteren Mannesmann-Demag-Konzerns. Bevor Harkort sich 1834 aus der Firma zurückzog, um sich stärker im politischen Bereich zu engagieren, entstanden auf Burg Wetter neben gußeisernen Grabkreuzen und Bügeleisen vornehmlich Maschinen und Maschinenteile für die Textilindustrie, den Bergbau und die Stahlfabrikation. Zum Ende des 19. Jahrhunderts war Burg Wetter lange Zeit Domizil des Freiherrn vom und zum Stein, der hier als Leiter des preußischen Oberbergamtes wirkte, bevor er preußischer Wirtschafts- und Finanzminister wurde.

Das Gut Crengeldanz gehört zu den kleinen, aber für die Wittener Stadtgeschichte durchaus bedeutenden Herrenhäusern. Kunstgeschichtlich ist es vor allem deshalb interessant, weil es eines der wenigen erhaltenen Güter aus der Barockzeit darstellt und sich durch den jüngeren Gartenpavillon und neuzeitliche Veränderungen an den Fenstern eine wirkungsvolle Stilmischung ergeben hat. Die Familiengeschichte des Hauses wurde durch die Jahrhunderte geprägt vom Fehlen männlicher Nachkommen, so daß es mehrere Male durch Heirat den Eigentümer wechselte. Die ersten überlieferten Bewohner gehörten zur Familie des Heinrich von Düker, der Ende des 14. Jahrhunderts Drost von Bochum war. Für etwa ein Jahrhundert gelangte das Haus in den Besitz der Familie von Witten und dann an die Familien von Hoete und von Stammheim. 1825 kauften die Brüder Theodor und Gustav Müllensiefen das Gut. Auf dem umliegenden Gelände errichteten sie eine Glasfabrik, die auf unserem Foto im Hintergrund zu erkennen ist. Den Müllensiefen gehört Haus Crengeldanz heute noch. Mit seinen Gärten und dem Teich ist es schön anzusehen, wird aber ausschließlich privat genutzt.

Hardenstein ist eine der sagenumwobensten Burgruinen des Ruhrgebietes. Unbelegt ist die Überlieferung, wonach Karl der Große die Burg einst dem Sachsenführer Wittekind nach dessen Taufe geschenkt haben soll. Weitaus sicherer sind die Berichte, denen zufolge Hardenstein im 14. Jahrhundert als Erweiterung eines älteren romanischen Turmhauses (vermutlich 13. Jahrhundert) entstanden ist. Aus jener Zeit stammen auch Reste des gotischen Haupthauses und der beiden runden Ecktürme. Bis zum Jahre 1469 residierte hier die Familie Hardenstein, deren Angehörige in Diensten der Erzbischöfe von Köln oft als Raubritter auftraten. In jene Zeit führt auch der Sagenkreis um den mit Wunderkräften ausgestatteten Zwerg Goldemar zurück, der auf Burg Hardenstein gute, aber manchmal auch schauerliche, kannibalistische Taten begangen hat. Doch zurück zur Historie: Nach dem Aussterben der Hardensteiner zur Mitte des 15. Jahrhunderts wurde die Burg unter immer wieder wechselnden Besitzern zwar stets bewohnt, doch kaum instand gehalten, so daß sie als Wohnstätte zur Mitte des 18. Jahrhunderts aufgegeben werden mußte und schnell verfiel. Erst in den Jahren 1974 bis 1980 wurde die Ruine mit kommunaler Hilfe und durch starkes Engagement von privater Seite (Burgenfreunde Hardenstein) gesichert und teilweise rekonstruiert. So ist die malerisch gelegene, romantische Anlage heute wieder ein beliebtes Ausflugsziel. Die Museumseisenbahn vom Bochum-Dahlhausener Eisenbahnmuseum führt auf ihrer Strecke nach Witten an einigen Schlössern und Burgen vorbei. Hier ist der Haltepunkt Ruine Hardenstein zu sehen.

Die ehemalige Wasserburg Haus Herbede entstand als vermutlich steinernes Giebelhaus im frühen 14. Jahrhundert für die Familie von Elverfeldt, die es bis 1889 bewohnen sollte. Vorläufer dieses Giebelhauses, das im Laufe der Zeit zu einem Doppelhaus ausgebaut wurde, war möglicherweise ein schlichtes Fachwerkhaus aus dem 13. Jahrhundert. In der zweiten Hälfte des 16. Jahrhunderts entstand durch Erweiterung eine wasserumgebene, dreiflügelige Schloßanlage, die in der zweiten Hälfte des 18. Jahrhunderts zu einer trutzigen vierflügeligen Hofanlage wurde. Haus Herbede in seiner heutigen Gestalt spiegelt den Bauzustand aus jener Zeit annähernd wider; architektonische Stilelemente von der Gotik bis zur Renaissance sind erhalten. Vorhanden ist auch noch die prächtig gestaltete Innenhoffassade des Rittersaals mit kunsthistorisch wertvollen Relieffeldern aus dem 16. Jahrhundert. Zu Beginn der 80er Jahre bot das alte Gemäuer einen verwohnten, trostlosen Anblick. Es bestanden Pläne, das Herrenhaus abzureißen. Glücklicherweise gelang es dem „Förderverein Haus Herbede", private, kommunale und Landesmittel zu aktivieren, mit deren Hilfe er 1985 bis 1988 eine gründliche Restauration der gesamten Anlage durchführte, die inzwischen zu einem von der Bevölkerung gern angenommenen Begegnungszentrum geworden ist. Gastronomie, Tagungs- und Gesellschaftsräume, Galerie und Künstlerateliers bilden ein Grundangebot, das durch regelmäßige Konzerte, Ausstellungen und andere Kulturveranstaltungen ergänzt wird.

Vermutlich zum Ende des 13. Jahrhunderts erbauten die Herren von Witten am Südufer der Ruhr eine wehrhafte Anlage, die ebenso wie das von ihnen im 15. Jahrhundert auf dem gegenüberliegenden Ruhrufer errichtete Haus Berge zu Witten die Aufgabe hatte, den Ruhrübergang an der wichtigen Handelsstraße von Dortmund nach Schwelm und weiter nach Köln zu schützen. Die Herren von Witten betätigten sich gerne als Raubritter und Strauchdiebe. So wird beispielsweise von Hermann von Witten berichtet, der 1407 als märkischer Gefolgsmann Gefangener des Bischofs von Münster war. Kaum freigelassen, überfiel er mit seinen Männern einen Zug Dortmunder Kaufleute und verschleppte sie in das Burgverlies von Steinhausen. Dies hatte eine langjährige Fehde mit der Stadt Dortmund zur Folge, die 1434 700 Fußknechte schickte, die gemeinsam mit 50 Reitern und 12 Wagen über die Ruhr setzten und Burg Steinhausen in Schutt und Asche legten. Vier Jahre später hatte sich Hermann von Witten offenbar schon wieder von diesem Rückschlag erholt, denn er überfiel und plünderte erneut Dortmunder Bürger. Diesmal hatte er aber das Pech, in die Hände seiner Feinde zu fallen; die Dortmunder nutzten die Gelegenheit und erpreßten ein hohes Lösegeld für seine Freilassung; vorher mußte er zudem einen heiligen Eid schwören, niemals mehr Dortmunder Bürger anzugreifen.